2017年告示

新指針・要領からのメッセージ

# さあ、子どもたちの「未来」を話しませんか

小学館

# はじめに

汐見稔幸

子どもたちのまわりにある社会や世界は今、急速なスピードで変化しています。この激動といえる情勢の中で、私たちはこれから先を生きる子どもたちを育てています。

「今までどおりの子育てで、この子たちの将来は大丈夫なの？」

「人として育つ基本は変わらなくても、もっと、時代に即した能力が必要なのでは？」

そう考えた欧米を中心とする国々は、教育政策の舵を大きく切り始めました。

〝この先、ひとりでも多くの子どもが幸せな人生をおくるために、そのうえで、国も栄えていくために、予測不能な時代にあっても生き抜ける力を育てよう。とくに重要だとわかってきた保育・幼児教育に重点投資しよう！〟

これを基本哲学として、各国が教育改革を進めています。

日本でも、少し遅れましたが、同じ方向をめざすことにしました。２０１７年告示の保育所保育指針、幼稚園教育要領、幼保連携型認定こども園教育・保育要領（※１）の改定（※２）内容や方向には、このような世界の動きが関係しています。

では今、対応を迫られている「社会の変化」とはどんなものなのでしょうか。この本ではまず、世界が保育・幼児教育に新たな投資をしようとしているその背景を、３つに整理してお話しします。「指針・要領の直接的内容から遠いな」という印象を持つ人もいるかもしれませんが、その背景を知っておくことで、今回の改定の意図をより深く理解してもらえると思います。

さらに、日本の背景・現状はどうなっているかをお伝えし、それを踏まえて、3つの指針・要領がどう変わったのか、それらをどう解釈し、現場で活かせばいいかをできるだけわかりやすく解説するつもりです。

2017年、同時に大臣告示とされた3つの改定指針・要領（※3）には、歴史的に重要な改定ポイントが盛り込まれました。ひとつは、保育所、幼稚園、幼保連携型認定こども園の3つが、「教育施設」として共通の見通しをもって幼児教育を進めるとした点。もうひとつは、保育所保育指針において、0・1・2歳児の保育の重視とそれと関係する「養護」が強調された点です。これは保育園が「福祉施設」であることが関係しています。ただし、ここは幼稚園、認定こども園の先生たちにも、その内容を共有してほしいのです。ぜひ、その部分も飛ばさずに読んでいただけたらと思います。

さらには、3つの施設がそろってその「保育の質」を高める。これも、今回の改定の大きなポイントになっています。

この3つを軸にしながら、ほぼ全体がわかるように解説します。

本書を読む際、お手元に、3つの新旧指針・要領を用意してもらえるといいかもしれません。ネットでも開示されていますので、どうぞそれを利用してください。

【注】

※1　指針・要領の表記について

本文中には、再三にわたって保育所保育指針、幼稚園教育要領、幼保連携型認定こども園教育・保育要領と記すべき箇所が出てきますが、今後読みやすさを優先して、多くの場合、「保育指針」「幼稚園要領」「認定こども園要領」などと簡略化しています。また、「認定こども園」と書かれているのも、正しくは、「幼保連携型認定こども園」を指すものとご理解ください（なお、幼稚園型・保育園型・地方裁量型認定こども園も「認定こども園要領」を軸にするのが適当です）。

※2　改定・改訂の表記について

一般的に、法令やガイドラインの内容の変更には、「改定」か「改訂」が使われます。その使い分けは、時代の変化や他の法令の制定等によって、記述変更が必要になった場合は「改定」（改めて定めるという意味）、既存の文書に修正や訂正が必要になった場合は「改訂」（訂正して改めるという意味）です。今回、保育指針は「改定」、幼稚園要領と認定こども園要領では「改訂」が使われています。今回は、かなり大きな変更内容が含まれることもあり、本書では便宜上、「改定」で統一して表記します。

## ※3　指針・要領の法的拘束力について

「大臣告示」という法的ステータスの3つの指針・要領は、法律ではなく、厳密にいえば「法令」にも属さないと考えられます。ただ、その内容については、「上位法（教育基本法や、児童福祉法、認定こども園法など）の権限を受ける規範」として位置づけることができます。

文章を細かく見ていくと気がつきますが、文末が、①「〜しなくてはならない」と書いてある部分、②「〜するように努めること、〜するようにすること、〜するものとする」と書いてある部分、③とくにそういう表現でなく、「〜する」という形で言い切られているなどの部分があります。これらは、それぞれに、①罰則規定はないが、遵守することを求めている、②努力義務が課されている③各施設ごとの裁量で行うべき配慮の基本原則が書かれている、と思って読んでください。これに関しては、別途発行される解説書の序章にも書かれる予定です。

**3つの指針・要領の内容は、全幼稚園、認可を受けている保育園・認定こども園に効力を持つものですが、認可外の園であっても、これに準拠することが求められています。本書もまた、認可外の先生たちにも読んでいただけたらと思います。**

# もくじ



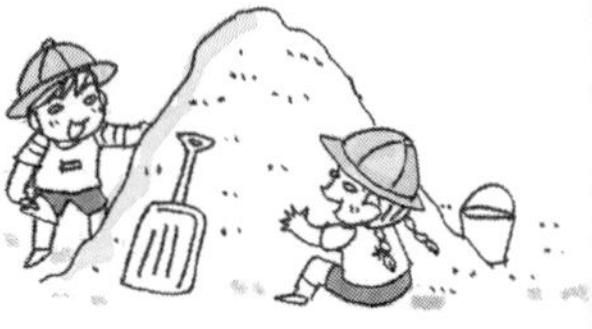

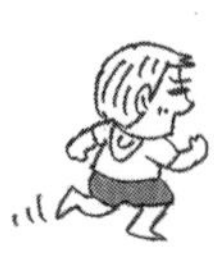

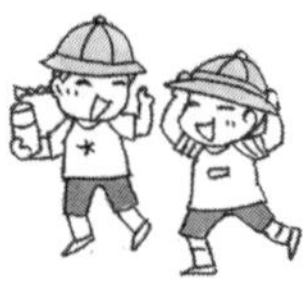

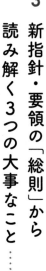

パート1

新指針・要領改定の背景　世界編

# 世界が「保育・幼児教育」に投資する3つのワケ

世界が「保育・幼児教育」に投資する3つのワケ

## その1 この深刻な環境問題を解決できる力を！

### 砂漠化、温暖化——
### 未来、生物に生きる場所は残されているのか？

１９７０年代、21世紀はもっと夢のような時代になるんじゃないかと思われていました。

「コンピュータが開発されたし、21世紀は人工知能の研究が進むし、面倒な仕事は全部ロボットがやってくれる時代が来るよね」と。

ところが実際は、大変難しい時代になることがわかってきています。その最大の要因が、「地球規模の環境問題」です。

環境問題は、１９８０年代から、国連総会でテーマとして上がり始めました。

たとえば、砂漠化の問題。東南アジアの国々などでは、パルプなどをとるために島々の森林の木をブルドーザーでなぎ倒してきました。今なお、続けているエリアもあります。

それらは暑い地域であるため、日陰をつくるなどよほど丁寧に植林しないと若い木が育ちません。でも、それではとてもコストが見合わないので、80年代当初は、切ったら切りっぱなしというケースが後を絶ちませんでした。日本企業も、こうして砂漠化を進め、国連などで糾弾されたことがあります。

何が起こるか
予測不能な
近未来！
ぼくらが子どもに残して
あげられるのは
教育しかない
かも……

砂漠化は、今、中国で大問題になっている砂嵐（黄砂）の被害や、生態系の破壊、気候の温暖化といった事態を引き起こします。森林は二酸化炭素を大量に吸収し酸素に変換しますから、森林が消失すれば当然、二酸化炭素の吸収される量が減って、温暖化を進めることにもなります。温暖化は、人間を含むすべての生物にとって、生死にかかわる大問題なのです。

私たちはみな、「楽で快適で清潔な生活」を求めて買い物をしますね。商品は一気にたくさん作れば単価が安くなるから、大量生産を前提に作られています。大量生産には、大きな機器・設備が必要で、これらにはすべて大量エネルギーが不可欠です。燃料は燃やせば熱を出し、温室効果ガスを出し、地球を温めます。

このままでいくと、海の水温が何十年後かには、2～3度C上昇してしまうんだそうです。そうすると何が起こるか。

海水が熱で膨張したりすることで一部の陸地が水没すること、氷河、氷床が溶けてその中に閉じ込められていた炭酸ガスが排出され、さらに温暖化が進むことなどは聞いたことがあると思いますが、もっと身近な被害も予想されています。そのひとつが、大型化する台風です。

海水近くで空気が温められると、大きな上昇気流が生じ、それが台風になりますよね。今の台風は、南のほうで発生していますが、水温の上昇によって、それがどこででも発生するようになるかもしれないという報告があります。最大の特別警報が出される台風は、風速およそ50メートル以上。これが温暖化による海水温の上昇では、80メートルになるという試算もあります。風速が70メートルを超すと車が転倒し、80メートル以上では高層ビルの窓ガラスが割れることもあるのだとか。

また、最近、日本の各所で見られる集中豪雨の原因についても、温暖化の影響が指摘されています。局地的な豪雨で、短時間に多くの犠牲者が出ています。

そんなことが当たり前のように起こるようになったら……と想像できるでしょうか？　これらは、目先の楽で、快適で、清潔な生活だけを考えて生きてきた「ツケ」ではないのか、と思えてなりません。

## 解のない問いに解を見いだせる人材を

こういった環境問題の脅威はまだまだ、たくさん挙げられます。しかしあいにく、現在の人類は、これから起こるかもしれないこれらの危機から逃れる解を見いだせていません。策はいろいろ提案されてはいますが、各国の事情も絡み、決定的な打開策を得るには至っていないのです。

これからは、こういった深刻な環境問題を解決するために——もちろん環境問題だけではないのですが——新しい科学技術、新しいアイデア、新しい交渉術といった能力を、私たちは切実に求めていかなくてはなりません。

そして「そういう力のある次世代を、しっかり育てていくんだ」という思いを先進国の多くが共有し、おもにＯＥＣＤ（経済協力開発機構）が中心となって、教育改革を進めているんですね。

20世紀は、知識集約・知識偏重型の教育でした。答えがすでにわかっているものをどう解くか。そんな力を伸ばすための教育が中心でした。でも、これから必要なのは、答えが見つかってない問いに対して、情報を集め、人と意見を交換しながら斬新な考えを出せる知性、そしてそれを上手にプレゼンし、協働できる能力だといわれています。

「こういう人材を育成するために、すべての国民が高度な高等教育機関、大学に行けるよう、教育のチャンスを開こう」と、ヨーロッパの多くの国々が決意したのです。

もともと人権意識の高いヨーロッパでは、「教育を受けるのは人として当然の権利だ」という意識を強く持っています。1966年、国連総会で採択された『国際人権規約』には、「中・高等教育の段階的無償化」についても書かれており、150か国を超える国がこれに批准しました（日本が「無償化」の箇所に同意したのは、2012年になってからです）。

こういう経緯もあって、北欧諸国やドイツ、フランスなどでは、すでにほぼ大学までを無償化し、イギリスやオランダなどは給付型の高い奨学金制度を敷いて、就学を応援しています。

さらにOECDを中心にして教育改革を進めるべく、「次世代に必要な能力」の絞り出しを行いました（2003年）。この能力の一群を「キーコンピテンシー」と呼んでいます。

「コンピテンシー」は次世代に必要な能力とされ、そのうちとくに鍵となる能力がキーコンピテンシーです。課題解決へ向け、「深く考え、行動する」ために、すべての子にとって必要な能力。その能力獲得の評価のためにPISAテスト（※）

※ OECD（経済協力開発機構）による国際的な生徒の学習到達度に関する調査

## 未来の子どもたちに必要とされる能力

# OECD《経済協力開発機構》の3つのキーコンピテンシー

も設定され、各国それぞれの方法でカリキュラムに反映しているんですよ。

さて、その後、教育改革の研究は、ノーベル経済学賞を受賞したジェームズ・J・ヘックマン氏の研究成果によって、乳幼児期に注目が集まりました。ヘックマン博士の報告の趣旨は、「教育は開始時期が早いほど費用が大きくかからず、成果が出やすい。その教育は、認知能力だけでなく〝非認知能力の育成〟が重要だ」というものです。

これによって税収が増え、犯罪防止や病気の治療にかかる公的なコストも抑えられるということで、世界に非常に大きなインパクトを与えました。

ヘックマン博士のいう〝非認知能力〟は、OECDの考えた「キーコンピテンシー」の概念とかなり重なる部分があります。これも、従来型の学力ではなく、「課題解決へ向かわせる力」だと考えてよいでしょう。

非認知能力の詳細は、後の章にその説明を譲りますが（38ページ）、「21世紀構想で重要なのは教育だが、その中でもとくにコストをかけるに値するのは保育・幼児教育だ」として、OECD諸国はそこへの重点投資に動き始めたのです。「環境問題を筆頭とする、解決すべき重要課題へしなやかに向かう能力。それを育てるために、丁寧な関わりを保育・幼児教育からスタートする」

これが、世界の先進国が保育・幼児教育へ投資しているひとつ目の理由です。

# ヘックマン博士の研究結果

世界が「保育・幼児教育」に投資する3つのワケ
その2 女性の力を活かすために

## ——保育施設の整備を

### なぜ、女性の力が求められている？

「環境」の問題は、死活にかかわる最重要事項でありながら、まだ切実に実感できるまでの課題になり得ていない印象があります。大変気がかりではありますが、ここではもう少し、卑近な課題に引き寄せて考えてみます。労働に関する問題です。

現在、先進国の人が担っている仕事の多くは、「第三次産業」に属するものです。第一次産業は、農業、漁業など、第二次産業は製造業、そして、第三次産業はそれらに含まれない産業で、たとえば、事務や販売、金融、医療、福祉などがそれにあたります。保育、教育も、第三次産業です。

日本人の場合、7割以上が第三次産業の分野で働いていますが、先進国のどの国でもこの割合は、ほとんど変わりません。

成熟した社会では、第三次産業の人口が多くなります。第一次・第二次産業は、体力を消耗する肉体労働が中心で、先進国の人々は、通常、まだ第三次産業が盛んでない国々の人に第一次・第二次産業の重労働をまかせ、そこから原料や製品を輸入して生活するようになります。そういった第一次・第二次産業で働くのは、腕力のある男性が中心です。

第三次産業は、あまり腕力を必要としません。頭脳労働、感情労働がほとんどですから、男性がいなければなりたたないということがない。第三次産業の場合は、男女同等に仕事がこなすことができるのです。それどころか女性のほうが向いているとさえいえる職種、場面が大変多くあります。

一般的に、男性より女性のほうが高いコミュニケーション能力をもっていますよね。女性は、赤ちゃんと最初に接し、それを養うために、生得的に高いコミュニケーション能力をもっているといわれています。第三次産業は、教育、福祉、接客業など、多くがコミュニケーション能力を必要とする業種ですから、その意味で女性向きの仕事が多いのです。

先進国では今後も、第三次産業で経済を活性化し、国民の生活を守っていかなくてはなりません。そこで先進国のリーダーたちは、「女性にもっと活躍してもらおう」と考えました。日本もまた、少子高齢化社会の中での労働力確保という面もありますが、その動きに同調し、2014年からは「すべての女性が輝く社会づくり」を標榜して、追いかけることにしたのです。

## 現状はどうなっているの？

実際、日本の場合、どのくらい女性が活躍できているでしょうか？ 雇用状況で見ると、女性の就業率は、ＯＥＣＤの平均（58％／２０１４年）よりも少し高め（64％）になっています。しかし、その就業の形態が「非正規雇用」、つまり、パートやアルバイト、契約社員などであるケースが多く、２０１６年の調査（厚生労働省）では、男性の正規率の78％に対し女性は42％、つまり、非正規雇用の女性が60％近くいるということになります。

もちろん、非正規雇用という働き方が悪いわけではありません。オランダでは、男女のワークシェアリング政策を下支えする形で女性のパートタイム労働が根付き、むしろ世界の成功例として賞賛されています。

日本における問題は、正規雇用と非正規雇用の賃金格差にあります。

正規と非正規で比べると、男女とも、非正規雇用者は正規雇用者の7割ほどの賃金しかもらえません。非正規雇用を選んでいる女性が多いということは、低賃金を強いられている人が多いことを意味します。オランダなどは、この正規雇用

# 男女格差世界ランキング

by　世界経済フォーラム（2016年）

| 格差が少ない順（144か国） | |
|---|---|
| 1 | アイスランド |
| 2 | フィンランド |
| 3 | ノルウェー |
| 4 | スウェーデン |
| 5 | ルワンダ |
| 13 | ドイツ |
| 16 | オランダ |
| 17 | フランス |
| 20 | イギリス |
| 35 | カナダ |
| 45 | アメリカ |
| 46 | オーストラリア |
| 50 | イタリア |
| 75 | ロシア |
| 99 | 中国 |
| 111 | 日本 |
| 116 | 韓国 |

日本は、とくに
経済や政治の分野で
リーダーとして活躍して
いる女性が少ないのが
ネックとされる

と非正規雇用の差をなくす政策をとっているから問題にならないのです。

男女間の賃金格差も課題です。日本の場合、同じフルタイムワーカーで比較したとき、男性の賃金を100%とすると、女性はその75%ぐらいしかもらえていません。13か国のランキングでは、韓国に次ぐ低さです。同じ仕事をしているのに、先進国でこれだけ男女の賃金格差がある国はもう、ほとんどないのです。

このように、ほとんどの先進国では女性の力が社会へ開かれ、公平に賃金や昇進などで評価できる体制を整えつつあります。日本も追随はしているのですが、スタートが遅れたこともあって、まだまだ、その差は埋まっていません。

これからの21世紀、日本がもっと女性にとって自己発揮しやすい国になるために、教育や雇用上での男女の平等は、解決すべき喫緊のテーマです。

## 安心して働ける環境を整備しよう

ではなぜ、女性の力の活用が保育・幼児教育への投資と関係するのかですが、女性が社会で活躍することを前提とするならば、取り組まなくてはならない問題が出てきます。

「女性が働きやすい環境を整える」ということです。

# こんなに大きい日本男女の賃金格差

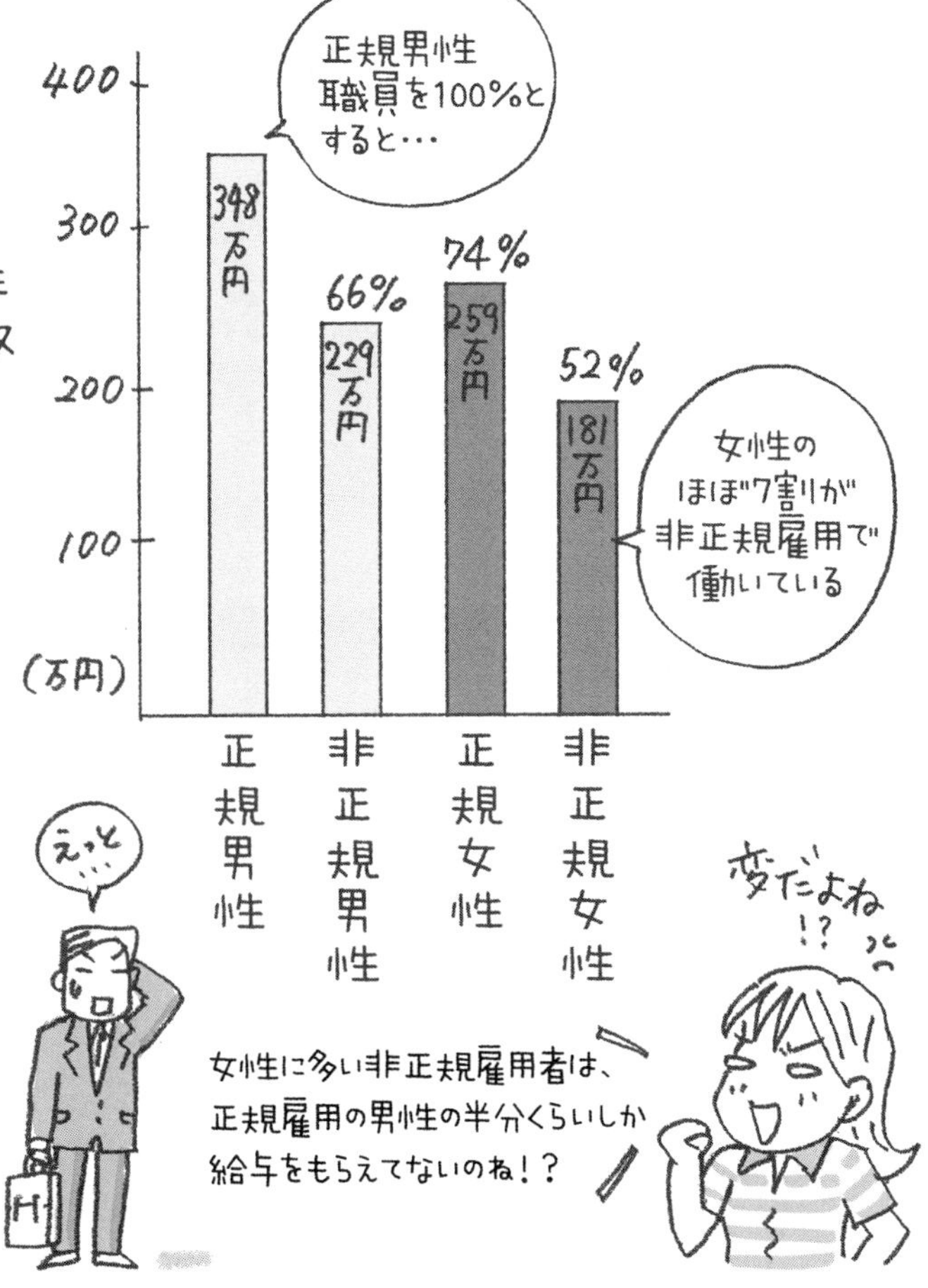


『2015年　雇用形態、性、年齢階級別賃金、対前年増減率及び雇用形態間賃金格差』
（賃金構造基本統計調査の概況 - 厚生労働省）より作成

もし、環境が整わないのに女性に無理をして働いてもらおうとすれば、目下、日本の社会問題で最大の懸案事項、「少子化」をさらに加速化させてしまう恐れがあります。

「赤ちゃんを産んだら、仕事はどうなるんだろう、両立していけるだろうか？」そんな不安を持った女性たちは、もしかしたら子どもを諦めてしまうかもしれません。実際に今までも、そうした不安を抱えつつ、出産を先延ばしにして出産適齢期を逃してしまった女性も少なくないと思います。ひとり目を産んで大変な思いをしたため、出産を期待していたふたり目、3人目を諦めてしまった人も大勢いることでしょう。

そうしたことのないように、海外ではいくつもの政策を展開しています。

そのひとつにあるのが「保育施設の充実」です。日本と同じような「子どもは母親が育てるべき」という保守的な考え方が根強く残っているイギリスやドイツなどでも、必死になって保育園を増やしています。

しかし、お金があれば子どもを保育園に通わせることができるけれど、ない家庭はできないということでは困ります。今のところ、対象は3歳以上が中心ですが、イギリス、フランス、スウェーデンなどは通園をほぼ無償化し、アメリカやドイツのように5歳児に対する無償化が定着している国もあります。

# 世界主要国の保育・幼児教育への公費負担

OECD家庭データベース参考（各国2013年以降の最新）

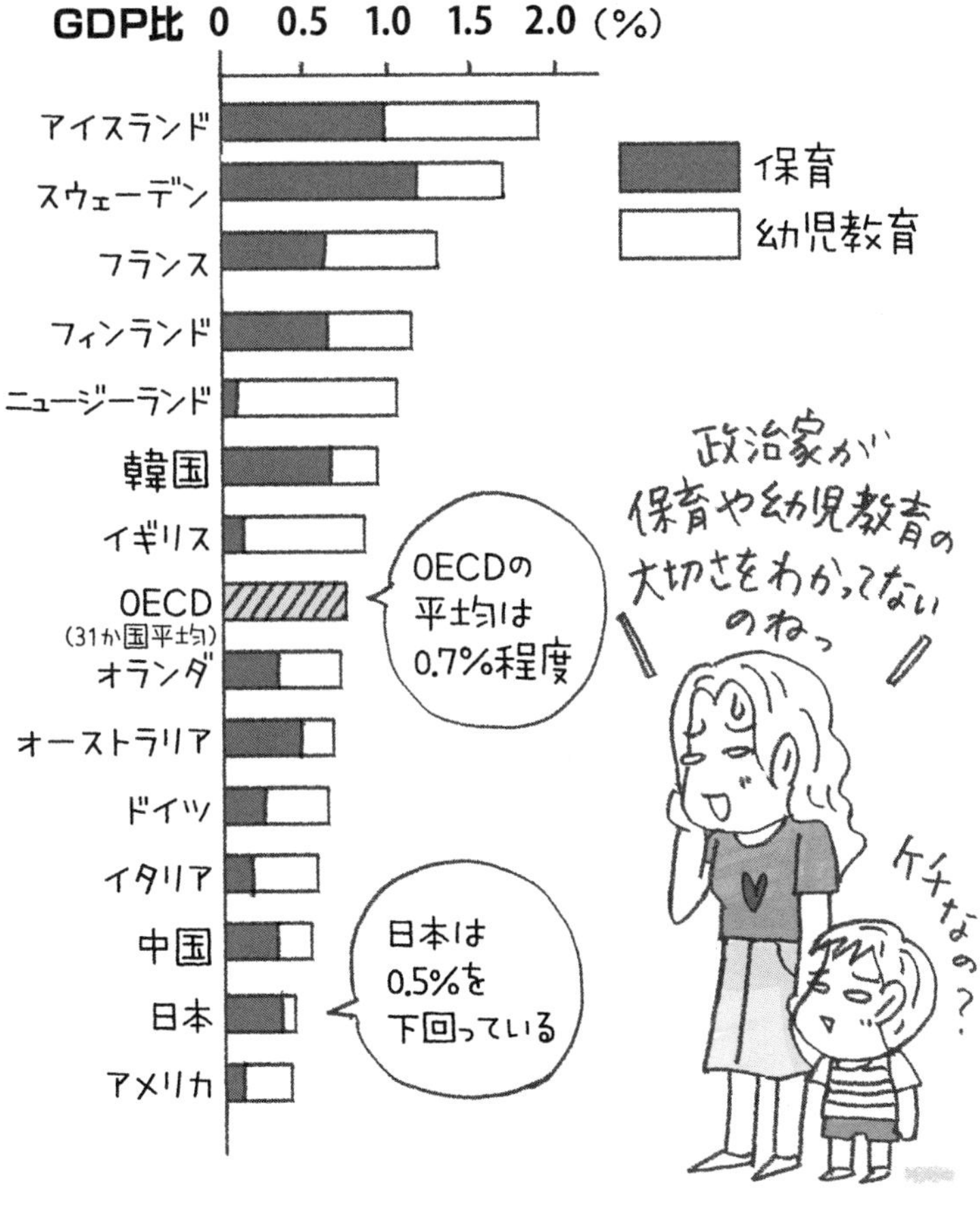

韓国はその流れに追いつこうと、2012年には「幼稚園・保育園の3～5歳児の保育料無償化」を実現しました。日本でも、待機児童問題の後押しがあって、無償化の議論は俎上に載せてはいますが、財源確保の課題もあり、実現にはまだ少し時間がかかりそうです。

また、「労働時間の短縮・ワークシェアリング」も、子育て支援の一環という視点をもって、ヨーロッパ各国が競うように進めています。

日本では、一日の労働時間の基準が8時間、週休2日で、年間で計算するとトータル2000時間になります。一方、ドイツ、フランスのサラリーマンは、平均1500時間を切りました。オランダは、1300時間を切って1200時間台に入っています。

なぜここまでの時短を進めるかというと、その大きな理由のひとつに、「子どもを夫婦でゆったり育てる」というねらいが含まれているのです。

女性に外で働いてもらうのはいいけれども、——日本の多くの家庭がいまだそうであるように——子育ても母親が担うことになったら、とてもゆとりのある子育てはできないでしょう。母親にゆとりがなければ、親子関係も、夫婦の関係もギクシャクし、安心して暮らせる家庭環境を失ってしまう。そんな中で、子どもが幸せに育っていけるとは、通常考えられません。

つまり、女性の働きやすさは家庭内での子の育ちに直結すると考え、ヨーロッパ先進国ではそれを「長期的な経済政策」と位置づけて、時短を進めようとしているのです。

実際、ドイツの保育園を視察しましたが、4時になるとすべての家庭から迎えが来ていたことに驚かされました。しかもお迎えの半分は父親です。4時半になったら、保育園はガチャンと閉まってしまうのです。日本では考えられない光景です。「国家の子育て戦略として時短を進める」。日本の政策には、この視点が欠けていると思います。

ゆとりの生活、ワークシェアリングが普通でない日本ではこうなる（こんな国に未来はあるのか？）

## その3 貧困問題の解消のために

「貧困をなくすためには、教育、教育、そして教育だ！」

ヨーロッパのほとんどの国では、1970年代から、合計特殊出生率が1（人）台になりました。アフリカやオセアニアの貧しい発展途上国では、いまだに労働力として子どもをたくさん生んでいますが、生活が豊かになると、一般的に出産は抑制的になります。出産の理由がほとんど「精神的喜びのため」であり、ほかに娯楽要素あふれる先進国では、子どもはせいぜい、ひとりかふたりいればよいということになります。

長期にわたって人口が減少するという経験を、人類は今までしたことがありません。日本に限っていっても、有史以来、増え続けてきています。

そのため現在のさまざまな制度は、「人口が同じか、増えること」を前提にして設計されています。たとえば、医療制度や年金、学校規模などもそう。人口が減ったことがないので、ヒントにするモデルがないんですね。

人口が減るということは、税収が減るということです。働く人、そしてサービスを消費する人も減っていくということです。

ヨーロッパでは、人口減少に対応するため、移民政策をとっています。ヨーロッパ諸国は、もともと多くの国が植民地をもっていましたから、その元植民地の国の人々を積極的に受け入れてきたのです。たとえば、ベルギーならコンゴ、オランダならインドネシア、フランスなら北アフリカからの移民、というふうに。

移民として移り住んでくるのは、もともと自国でいい仕事がなく、経済的に困窮していた人々がほとんどです。経済的に厳しいと教育を受ける機会も限定され、移住した先の国の言葉を十分に使えないこともままあります。

１９９７年、イギリスの首相となったブレア氏は、「移民が貧困層になるのを防ぐためには幼児期から丁寧な教育を付与して、ちゃんと仕事に就けるようにすることが重要だ」と考えました。彼が演説のたびに、「貧困をなくすには、第一に教育、第二に教育、第三に教育だ！」と主張していたことは有名です。

そして実際に、政権内の一定期間で教育予算を大きく増やし、貧困地域の子どもをターゲットとする保育や教育、家族支援サービスを行う無料の総合施設を数多くつくりました。その結果、貧困率の大幅な低下を実現したのです。

このブレア政権の成功を見て、ヨーロッパでは、「貧困地域に質の高い幼児教育施設をつくることが、経済政策上有効なんだ」と思うようになったのです。

## 心の闇を生む前に

親が貧しいと、子どもに十分な教育を受けさせることが難しくなります。するとその子は収入のよい仕事を得るチャンスが減って、結果、貧困に陥り、さらにその子どもにも十分な教育を与えてあげられなくなる――これを「貧困の世代間連鎖」と呼んでいます。一度貧困に陥ると、自助努力を基本とする社会では、ほとんどそこから抜け出せなくなってしまいます。

現在、世界の富の半分を、世界人口のわずか1％のお金持ちが所有しているといわれています。しかも、富める者はますます富み、貧しい人たちはますます貧しくなるという「貧困格差」が拡大しています。

また、先進国では食料が余って捨てられている一方で、世界食糧機構の調べでは、世界全体で9人に1人が飢餓状態にあり、一日4万人の人が餓死しています。その多くが、子どもです（日本の給食で食べきれなかったものをそういった国々で配ることができれば、ひとりも死なずにすむそうです）。

このような各国内での貧困格差、世界規模での経済格差は、恵まれない層の人々の心に強い不平等感、嫌悪感、怒りを生じさせる条件になります。

「どうして自分たちばかり、こんな仕打ちを受けなくてはならないんだ。許せない！」

こんな気分を抱き、そこにカルト的な宗教や過激な組織の影響を受けると、簡単にテロリストになってしまいます。

そして自暴自棄ともいえる犯罪を犯し、多くの人を傷つけます。国はそれを抑え込もうと、大金と人材をつぎ込んで阻止しなくてはならなくなります。ときに大がかりな報復行動に出て、テロリストの組織を一網打尽にしようとしますが、それがまた反発を生み……こうして泥沼の戦争へと突き進んでいくんですね。

このような貧困問題に端を発する負の連鎖を断ち切るには、長い目で見れば教育しかないように思います。

翻って、日本はどうでしょうか。

近年、この日本でも貧困率が上がり、経済格差が広がっています。「相対的貧困率」という所得格差を示す指標をみると、先進国内では下位に位置し、深刻なレベルだと海外からも指摘を受けています。

根深い心の闇が生じる前に、一人ひとりの子どもたちが貧困と関係ない生活を将来確実に送れるように、乳幼児期からの丁寧な保育と、幼児教育を――。

それが3つ目の理由です。

世界規模で起こっている環境や労働、経済格差の問題。これさえ改善すればみながみな幸せになれるとはいえません。ただ、それを置き去りにしたままでは、大多数の人が不幸になることだけは確実です。

その解決の糸口として、貧困階層の子どもたちへの「丁寧で質の高い保育・教育」がある。それも今までのような知識偏重型ではない、21世紀型の能力を育てる教育を乳幼児期から丁寧にしていきましょう、ということなのですね。

だから、こうではなく
はいっ これは 何!?
蝸牛
カタツムリ!
こうでもなく、
子どもは遊んで いれば自然と 育つのよ
そこっ 危ない!!
世界中の保育者に、21世紀型の「教育者」であることが求められる時代へ…
何か見つけた? へえ〜 どうしようか
カシャッ

# パート2

# どこへ向かう？
# 日本の保育・幼児教育

## 新指針・要領改定の背景　日本編

## 日本の保育、教育は何を求めてきただろう？

先進国を中心に、21世紀型の学びに移行し、保育・幼児教育に懸命に投資してきていることを前章で触れました。では、日本はどうなのか。この章ではそれを取り上げます。

実は日本にも、かねてから「時代の変化に即応できるための教育にしていこう」という動きはありました。

「臨教審」という言葉を聞いたことがありますか？　中曽根内閣のときに、臨時的に作られた教育審議会のことです。１９８４年に設置され、その審議会の中で、21世紀型の教育のあり方について話し合っています。「記憶に偏った詰め込み型、知識集約型の教育ではダメだ」といった議論です。

この臨教審は3年後には解散しましたが、その後も、このときのテーマはずっと議論され、１９９６年に今度は文部科学省の中教審（中央教育審議会）から「変化の激しいこれからの社会では、自分で課題を探し、問題を解決する資質や能力、すなわち〝生きる力〟が必要だ」といった答申が出されました。

さらに、当時もいじめや不登校などの問題が頻発しており、これは日本の子ど

これからの時代に必要な能力
“解決すべき課題”に対応できるだけじゃなく、「新しい技術」に即応できる能力も必要な時代。
でも、こんな時代だからこそ、手作業のよさも伝えたいね！
タブレット
ピピッ
日誌に転送します
ハイ
AI
キロクしてくださいっ

もたちの生活にゆとりがないせいだとして、2000年ごろから、

・これからは詰め込み型の学習をやめて、「生きる力」を育てる教育に変えていこう
・問題解決型の調べ学習を中心にして、「総合的学習の時間」をつくろう
・学校完全週5日制にし、学習時間や内容も減らして「ゆとり教育」を行おう

こういった方針を掲げ、教育改革が実行されたのです。

私は、この生きる力を育てる「ゆとり教育」が実を結ぶには、最低でも10年はかかるだろうと思っていました。なにしろ、今までになかった柔軟な思考力やアイデア力、企画力、リーダーシップなどを伸ばそうとする教育法です。もしこの総合的学習をおもしろくやろうとしたら、先生は一冊の参考書を書くくらい、時間をかけて勉強する必要があると思ったからです。

ところが、10年経つ前につぶされてしまったのですね。

教育改革が始まって間もなく、〝ゆとり教育のせいで、「1/2」+「1/3」を計算できない学生がいる〟〝漢字も書けない〟という保守的な教育観に縛られた人たちから批判が出てきたのです（実際には、導入の前からそのように予想して、反対していた人たちがいましたが）。

21世紀に必要なのは、〝どうやったら「1/2」と「1/3」を足せるのか？〟などを考えたり、言葉を使ってコミュニケーションをとり、情報の真偽を見極め

たりする能力だと話し合ったはずなのですが、「計算の仕方を覚えているか」「漢字を正しく記憶しているか」――そちらに逆戻りさせようという力が働いたのです。

こうして、２００８年には、ゆとり教育を見直す提言が出されました。削減された教育時間の半分近くが元に戻され、総合的学習の時間も削られて、「新しい教育」への流れは後退してしまいました。

ただ、その間も、国立教育政策研究所などを中心に、時代に合った教育方針を模索する動きは続いていました。そして、20年間の研究と議論の結果、ようやく「ヨーロッパで成果を上げている〝キーコンピテンシー〟（前出14ページ）などを参考に、日本の〝生きる力〟をより洗練させてやっていこう」とまとまったのです。「知識か問題解決能力か、どちらかに偏るのではなく、それらをバランスよく獲得した力。それをこれからの生きる力、〝21世紀型の能力〟として、提案していこう」。そのまとめが、２０１６年12月21日に中教審教育部会から出された答申だったのです。

その答申の中では、小学校以上の教育だけでなく、幼児教育もその流れに加わるものとして書かれています。その背後にはもちろん、「非認知能力が重要なのだから、乳幼児期から学びを応援する」という意図があってのことです。

## 非認知能力って具体的にはどんな能力？

ここで、前章で少し触れた非認知能力について、もう少し説明しておきます。「認知能力」というのがあります。これは、記憶力や思考力などに代表される知性といえるものですね。それと対比して語られるのが「非認知能力」で、情動・感情に関連する能力です。簡単にとらえると、前者は「ＩＱ」（知能指数）、後者は「ＥＱ」（情動指数）といえると思います。

今までは、認知能力が高い人が将来、社会で成功すると考えられていました。しかし「非認知能力」が高い人のほうが、大人になってから社会的、経済的に成功している人が多いというデータが出てきているのです。

とくに、乳幼児期に「非認知能力」が高まると、それが生涯、影響し続ける可能性が示唆されました。それが、ノーベル経済学賞を受賞したアメリカのヘックマン博士の研究です。たくさんの関連本が出ているので、読んだ人もいるでしょう。

ヘックマン博士の研究では、「ペリー・プリスクール・プロジェクト」の調査などを中心に分析を行っています。このプロジェクトはアメリカで行われた調査で、貧困家庭の3～4歳児に対して2年間の幼児教育を行い、生涯にわたって彼らのデータを追跡するというものです。左ページに書かれたようなプログラムの提供

# ペリー就学前《プリスクール》プロジェクトの概要

は1962～67年に行われました。

今もまだ調査は継続中ですが、このプロジェクトの教育を受けたグループは、受けなかったグループに比べて、大人になってからの就業率や年収、持ち家率、健康の度合いが高くなっていました。国家経済のレベルでいうと、幼児期にひとりの子に1ドル投資すると、成人したときに6～10ドルが社会に還元されると試算されました。つまり、投資した額の6～10倍になって戻ってくるというのです。

また、興味深いのは、教育を受けた直後は高くなったIQ（認知能力）は、その後数年で差がなくなっていました。そのためヘックマン博士は、「認知能力ではない、〝非認知的な能力〟がそのときの教育で養われ、それがずっと影響し続けているのだろう」と考えたのですね。

ヘックマン博士は経済学者であることもあり、その「非認知的な能力」がどういうものかを詳しく説明していません。その後、教育の専門家などがほかの同じような研究の結果を合わせながら、非認知能力を定義づけようとしています。今のところは、

●難しい課題を前にしても諦めずやり抜こうとする粘り強さ、忍耐力（「グリット」と呼ばれている）

●「こうやったらどう？」「いいね、じゃあこれは？」などと他者を受け入れながら、相互に対話（コミュニケーション）して協力できる社会性

# 非認知能力って何？

端的にいうと「もっと向上したい」と思える気持ち、能力かな
忍耐力
できるまでがんばる
最後までやり抜こうとする力
社会性
手伝うよ もっと〜したら？
人と上手にコミュニケーションする力
自信・楽観性
大丈夫できるよ
気持ちをコントロールする力

●万が一失敗しても「大丈夫」「次は成功するよ」と気持ちをコントロールできる自信、楽観性

これらを中心とする複数の要素があると考えられています。

成績が振るわない児童に対して、少なくない教師が「自分の教え方のせいというより、ほとんどは子どもが生まれながらに持っている資質のせいだ」と考えてきたように思います。でもそれは、小さい時分から認知能力ばかりを育てようとして、非認知能力を伸ばそうとする教育がおろそかにされてきたためかもしれませんね。

## 認知能力とともに非認知能力を

この非認知能力は、脳の奥にある大脳辺縁系や脳幹部と密接に関係しています。これらは人間の進化の早い時期に獲得された部位で、敵から逃げたり、安心な場所を察知したりするために、「怖い」「安心」「好き」などの生命維持のための感覚を司っています。ここの原型は5歳ごろまでに育つそうです。

乳幼児期に大人から応答的で丁寧なかかわりを受けていると、この部位が健全に育っていきます。子どもが不安を感じているようなら、「どうしたの？　大丈夫。いっしょにいるよ」という。失敗しても「何やってるの！」と頭ごなしに否定せず、

これでは
非認知能力の
育ちを阻害
しかねない
？
★集中しているのに
中断させる
→やり抜く
気持ちが
育ちにくい
はいっ終わり！
片づけ！給食！！！
★対話の機会が少ない
→社会性が伸びにくい
先生の話を
とにかく聞いてて
！！
一方的
こうじゃないって
先生いったよ
ね？
★失敗を責める
→自信や楽観性
が失われる
★やりたいことを、できるだけやらせてあげる
★失敗しても「大丈夫だよ」といってあげる
★友達と協働できるチャンスを作る
こんな対応で、非認知能力は、
育っていくんですよね

温かく受容し、励ます。

そういうかかわりを受け続けることで、子どもは大人との愛着・信頼関係を結び、「自分はいつでも受け入れてもらえる存在」「存在価値のある人間」という「自己肯定感」を育てていくのですね。そしてそれを根っことして、「何があっても私は大丈夫」「がんばってやってみよう」という前向きな情動、向上心を育てていくのです。幼少期に培われるこの情動が、非認知能力の基礎です。

成長とともに、この大脳辺縁系等の感覚、非認知の情動は、「思考力」「記憶力」「計画性」などを司る前頭連合野と呼ばれる脳の部位と神経ネットワークでしっかりつながっていきます。このとき、大脳辺縁系が萎縮せず安定して育ち、「自分は価値がある」「大丈夫」と思える自己肯定感、非認知能力が育っていれば、大脳辺縁系から前頭連合野にポジティブな情動的エネルギーのようなものが送り込まれます。それによって、その人の資質が刺激されて、持てる能力を存分に発揮することができるようになるのだと思います。

要するに、「認知能力を育てたいのならば、まずは非認知能力から育てる必要がある」ということなのです。

この非認知能力を伸ばすのは、どの年代でも可能です。小学校以上の先生も、今後は認知能力だけでなく、非認知能力を伸ばすようなかかわりが、いっそう求

# 非認知能力と認知能力の関連イメージ

by 汐見

められてくるでしょう。

ただ、非認知能力は、まだ脳の柔らかい乳幼児期のほうがずっと伸び率がいい。そして、挫折した中高生を立て直そうとするよりも、幼少のころに丁寧にかかわって、挫折を回避できる非認知能力の基礎を固めておくほうが、「効率的」だということが調査でわかってきたのです。


これから先、子どもが少しでも不安を感じずに生きていける力、そして自分の願いを諦めずに実現させることのできる能力。これが認知能力と非認知能力を合わせた「資質・能力」といわれるもの。今、世界の教育が、この能力を育てるよう重点移動しており、日本の教育も少し遠回りをしてしまったけれど、そっちへ進路をとることに決めた。そして乳幼児期にはとくに重要な「非認知能力の基礎」が発達するものとして、世界各国がそこに投資をし始めている。さあ、日本の保育・幼児教育も変わっていかなくては！　――その考えを反映したのが、2017年の保育指針、幼稚園要領、認定こども園要領の改定なのです。

そしてこれらの改革は、これまで日本の幼児教育が重視してきた「心情・意欲・態度」の育成の大切さを、小学校以降でも確認したことを示すと思っています。

# パート3

## 新指針・要領の「総則」から読み解く3つの大事なこと

# 3つの指針・要領の同一表記を阻む「法律上」の違い

## 認定こども園ができた理由って？

さて、ここから、新指針・要領の内容に入っていきますが、その前に、ひとつ大切な点に触れておきます。「幼稚園教育要領」「保育所保育指針」「認定こども園教育・保育要領」、この3つの指針、要領のかかわる法律についてです。

3つの指針・要領には、記述の仕方が異なる部分がありますが、その理由の多くが、「よりどころとする法律が違うため」であることを知っておいてください。

2006年、「認定こども園」が日本に誕生しました。その目的は、「幼稚園、保育園を統合した施設をつくること」でした。

幼稚園、保育園は、ともに就学前の子どもが通う施設です。通うのは、みな同じ日本に住む子どもたちです。でも、幼稚園は、学校教育法の中で「学校」であると定められ、そこで子どもを「教育」すると書かれています。他方、保育園は、児童福祉法の中で定められる「福祉施設」で、そこで子どもを「保育」する、と書かれています。

# 認定こども園ができたワケ

＜注＞1号認定（専業家庭など）、2号認定（共働き家庭などで子どもが3歳以上）、3号認定（共働き家庭などで子どもが3歳未満）

そのため、同じような保育内容で教育を行っている施設であっても、幼稚園であれば法律的に「教育」を受けていることになり、保育園では「保育」を受けていることになります。内容は同じなのに、法的な呼び方が違うのです。そのせいで、保育所では教育を受けてないと思っている一般の人がたくさんいるのですね。

そこで、「幼稚園と保育園を一体化して、ひとつの法律の下で子どもたちを育てる」ことを目的に、認定こども園を作ることにしました（たしかにそのほかにも、「待機児童対策のために、幼稚園から認定こども園に移行してもらい、3歳未満児を受け入れてもらう」などの理由もありましたが）。

実のところ、幼稚園と保育園の一元化は、昭和以前からあった主張でした。「親の事情と子どもの権利は別物。それなのに、親が働いている子は福祉施設の保育園、そうでない子は学校としての幼稚園と、自動的に振り分けられるのはおかしいのではないか」という指摘です。

そこで2006年、ようやく文部科学省、厚生労働省の間を内閣府が取り持つような形にして、「法律的に」福祉と教育にまたがる「認定こども園」がつくられたのです。幼稚園や保育園からの移行に際しては、活動時間や施設形態の違いなど、調整しなくてはならない課題が多々あります。それでも認定こども園ができたことは歴史的には画期的な出来事だったのです。

# 3つの指針・要領の内容を規定する主な上位の法令・条約

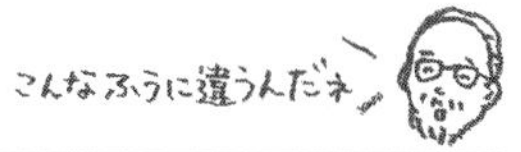
こんなふうに違うんだネ

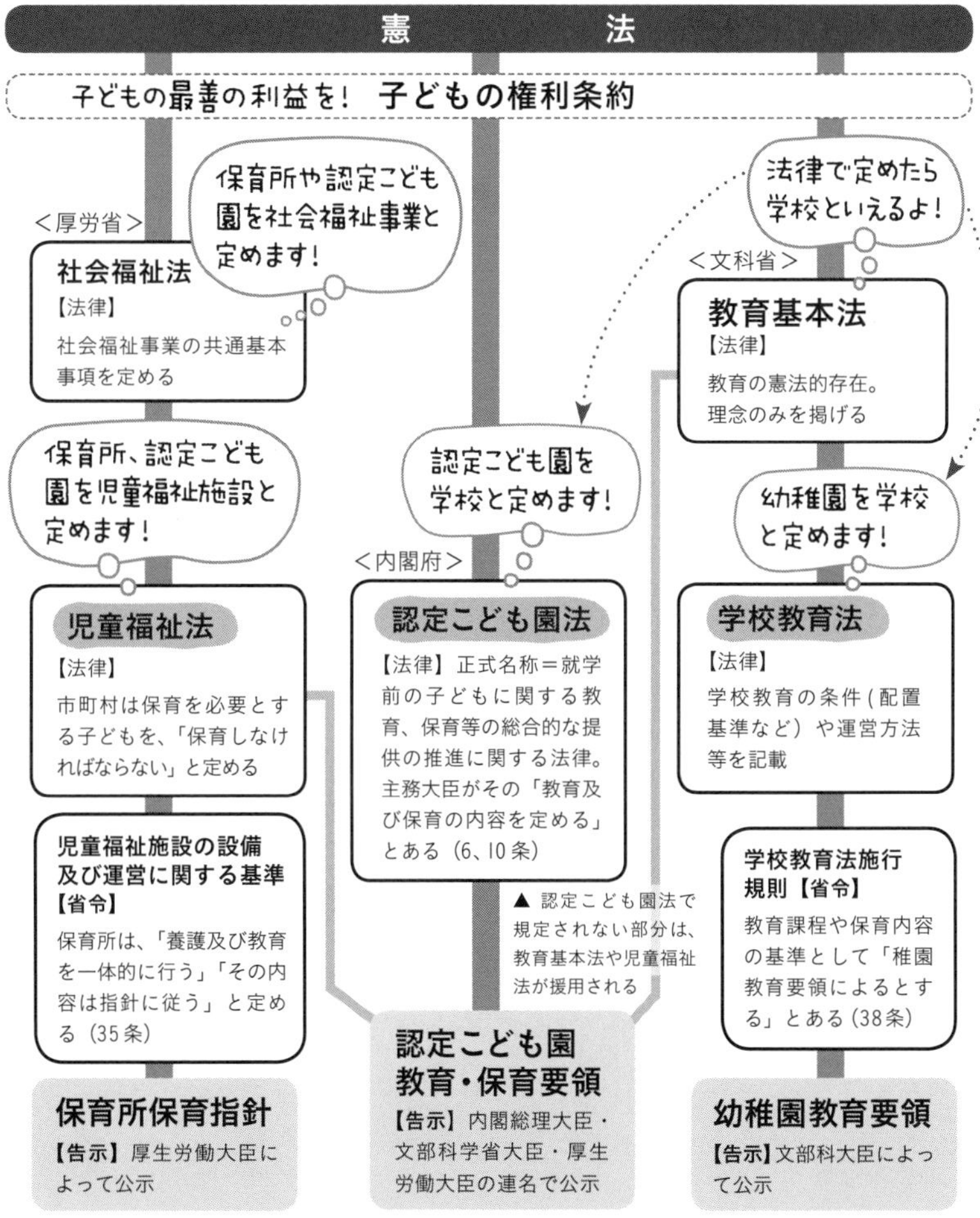

憲法
子どもの最善の利益を！ 子どもの権利条約
＜厚労省＞
保育所や認定こども園を社会福祉事業と定めます！
社会福祉法
【法律】
社会福祉事業の共通基本事項を定める
保育所、認定こども園を児童福祉施設と定めます！
児童福祉法
【法律】
市町村は保育を必要とする子どもを、「保育しなければならない」と定める
児童福祉施設の設備及び運営に関する基準【省令】
保育所は、「養護及び教育を一体的に行う」「その内容は指針に従う」と定める（35条）
保育所保育指針
【告示】厚生労働大臣によって公示
＜内閣府＞
認定こども園を学校と定めます！
認定こども園法
【法律】正式名称＝就学前の子どもに関する教育、保育等の総合的な提供の推進に関する法律。主務大臣がその「教育及び保育の内容を定める」とある（6、10条）
▲ 認定こども園法で規定されない部分は、教育基本法や児童福祉法が援用される
認定こども園教育・保育要領
【告示】内閣総理大臣・文部科学省大臣・厚生労働大臣の連名で公示
法律で定めたら学校といえるよ！
＜文科省＞
教育基本法
【法律】
教育の憲法的存在。理念のみを掲げる
幼稚園を学校と定めます！
学校教育法
【法律】
学校教育の条件（配置基準など）や運営方法等を記載
学校教育法施行規則【省令】
教育課程や保育内容の基準として「稚園教育要領によるとする」とある（38条）
幼稚園教育要領
【告示】文部科大臣によって公示


・**子ども・子育て支援法【法律】**は、幼・保・認定こども園への給付や、子育て支援等について定める法律。

認定こども園への移行や新設は、当初の予測よりもかなりゆっくりめです。それでも増加はしています。ただこれによって、現在、日本には3種の保育・幼児教育施設があることになり、それを直接規定している法律も3種類ある状態になっています。幼稚園は「学校教育法」、保育園は「児童福祉法」、認定こども園は「認定こども園法」です。そしてそれぞれその指針・要領は、それぞれの法律の枠組みに沿う形で書かれることになり、幼稚園教育要領で書けることが保育指針では書けないなどということが、それほど多くはないにしろ、出ているのです。

3つの指針・要領を見比べて、「なんで、こっちにはこの言葉が入っているのに、こっちにはないの？」とか、「こっちには、なぜこの項目が省略されてるの？」と不思議に思う人がいるようですが、それはそういったことが関係しているのです。

ひとつ例を挙げると、指針・要領の最初からその違いが見られます。幼稚園教育要領には冒頭に「前文」が入っているのに、あとのふたつには見当たりません。

## どうして幼稚園にだけ〝前文〟が入ったの？

実は、今回の改定では、小学校と中学校の学習指導要領にも、同様の「前文」が挿入されています。幼・小・中と、必要に応じて文言をかえている部分はあるものの、書き出しから文末まで、ほぼ同じ文面になっています。これは、今回の教育改革が幼稚園から大学までの「学校」全部を貫くものだからです（高等学校学習指導要領の改定の告示は2017年度予定）。政府が「新しい教育を行っていくのだ」というその意気込みを、すべての要領の前文に込めたのですね。

ただその前文が入ったのは、3つの指針・要領の中では幼稚園教育要領だけ。保育園や認定こども園は、学校教育法の下にないため、その前文は入りませんでした。

幼保連携型認定こども園は、こども園法の中では〝学校〟だと規定されています。しかし、学校教育法の下にある「学校」ではなく、また、そこに通う0～2歳児は学校教育の対象になっていないので、幼稚園と同じレベルの学校扱いはできないのです。そして、保育園の場合は、学校や教育施設だと規定する法律も存在しません。

しかしながら、もうご存じとは思いますが、今回改定の保育指針で、初めて『保育園も幼児教育を行う施設ですよ』と明示されたのです（総則1章の4）。法的枠組みの関係で、〝法律として〟は「教育施設」とは定めることはできないものの、これによって〝制度として〟は、保育園も「幼児教育を行う施設」と認定されたのです。

幼稚園要領にはあって、保育指針と認定こども園要領にはない前文。この前文には、「いったい日本はどんな教育で何をめざそうとしているのか」が書かれています。保育園や認定こども園の先生も、同じ幼児教育を担う先生として、幼稚園要領をひもといて、一度目を通しておいてほしいと思います。

逆に保育指針では、「養護」が重視された書き方になっています。これは保育園が児童福祉法に基づく施設だからなのですが、幼稚園要領には「養護」のことは具体的に書かれていません（もちろん「養護は幼稚園に関係ないから書いていない」のではありません）。

このように、根本的な法律の違いによって、3つの指針・要領のあちこちに記述上の相違点が生じています。今回、「カリキュラム・マネジメント」という言葉が幼稚園と認定こども園の要領にだけ入ったことも、法律の枠組みが関係しています。つまり「保育園にはカリキュラム・マネジメントは必要ないから書いていない」のではなく、記述の用語に法的な制限があるため入らなかっただけです。それについても、追って触れていきます。

こういった3つの施設の微妙な違いが解消されるためには、「子ども法」などの名称で、これらを一元的に管理する法律ができるのが一番です。現在「幼児教育振興法」という法律が準備されていて、国会での審議を待っているところです。これができれば、もう少し一元的な管理の方向に進む可能性がありますので、期待したいと思って見ているところです。

# 「総則」（第1章）は指針・要領の核

## 総則ってどういう意味？

57ページを見てください。3つの新指針・要領の第1章「総則」の項目を書き出してあります。

総則というのは、「法令等の全体に通じる決まり」というような意味で、その組織で行う活動の基本方針や理念、守るべき事項等の原則が書かれている、ある意味、最も大事な箇所です。他の章は、この総則に書かれた諸原理を具体化するための各論になります。

見てのとおり、3つの指針・要領で書かれていることにはばらつきがあったり、順番が違ったりしていますが、これはやはり、3つの新指針・要領の上位法やそれが定める役割（機能）の違いによるものです。

本来、子どもたちは、同じ法律下で同じように育ちが保障されるべきだということは先に書きました。子どもの権利が守られるのであれば、ゆくゆく3つの施設を等しくカバーする法律や指針・要領ができるはずです。今はその過渡期にあると考えてよいと思います。したがって、今の指針・要領に書かれている内容はすべて、3つの施設で働く先生たち全員に共通するものとして見てほしいのです。

今回の改定で大きく変わったのは、保育指針でいうと、総則の2「養護」、3「計画及び評価」、4「幼児教育」の3つのブロックが、すべてあとの章から繰り上がって、「重要項目」として総則に入れられた点です。幼稚園、認定こども園の要領においても、計画にかかわる部分が繰り上げられたり、詳しい記載になっている部分があります。そしてとくに、幼児教育の部分には、3つの指針・要領に共通の項目が新規に盛り込まれています。

幼児教育の箇所が統一されているのは、1963年に文部省(現文部科学省)と厚生省(現厚生労働省)から出された「保育園の教育に関する部分は幼稚園要領に準拠するのが望ましい」という通達が生きているためです。以来、保育指針の教育部分については、幼稚園要領の記載にほぼそろえられてきました。これについてはまた、後述します。

ここからは、便宜上、おもに新しい保育所保育指針の総則を軸に、3つのポイントについて説明しますが、幼稚園と認定こども園にも共有されるものとして読んでください。それぞれの指針・要領には、それにしか書かれていない部分があります。しかし、それらはすべての保育者が共通理解し、実践に活かすべき内容ですので、各々見るべきところを紹介しながら進めていきますね。

# 3つの指針・要領の核となるそれぞれの「総則」の項目

## 保育所保育指針

### 第1章　総則

1　保育所保育に関する基本原則
**2　養護に関する基本的事項** ←保育指針にだけ入っている。幼稚園、認定こども園の先生にも読んでほしい項目
3　保育の計画及び評価
4　幼児教育を行う施設として共有すべき事項

## 幼稚園教育要領

### 第1章　総則

第1　幼稚園教育の基本
第2　幼稚園教育において育みたい資質・能力及び「幼児期の終わりまでに育ってほしい姿」
**第3　教育課程の役割と編成等** ←保育指針にはない。保育園の先生にも読んでほしい項目
**第4　指導計画の作成と幼児理解に基づいた評価** ←保育指針にはない。保育園の先生にも読んでほしい項目
第5　特別な配慮を必要とする幼児への指導
第6　幼稚園運営上の留意事項
第7　教育課程に係る教育時間終了後等に行う教育活動など

## 幼保連携型認定こども園教育・保育要領

### 第1章　総則

第1　幼保連携型認定こども園における教育及び保育の基本及び目標等
第2　教育及び保育の内容並びに子育て支援等に関する全体的な計画等
第3　幼保連携型認定こども園として特に配慮すべき事項

※なお、幼稚園要領は、食育については「食育基本法」、保健は「学校保健安全法」にほぼ書かれているため、要領の中ではその記述が省いてあります。保育指針は、それらまで書き込んであるので、ボリュームが多くなっているんですね。

# POINT❶ 「養護」の重要性が強調された
## ――3つの施設で共有されるべき基本原則としよう

**経済だけじゃない「子どもの貧困」って？**

2017年版保育所保育指針では、総則の2に「養護」の項目が入りました。旧保育指針では、第3章にあったものです。「養護」が、保育指針の核といえる総則に繰り上がったのには、それなりの理由があります。

2017年度の改定で、幼稚園・認定こども園・保育園で、共通の「幼児教育」を行うことが明示されました。前の章で述べたように、これからの時代を生きていくために必要な力の基礎を、どの施設でも公平に育ててもらいたいという理由からです。「今後、保育園を幼児教育施設と認めます。ですからそこで働く先生たちには、自覚をもって幼児教育を行ってください」――このような方針が、2017年度改定の保育所保育指針の大事な目玉となっています（82ページで後述）。

しかし、それと合わせて、「保育園は依然、〝福祉機関〟であることには変わりがないので、養護の質も高めてほしい」という点もまた、同等に書き記す必要があっ

# 3つの施設における養護と保育、教育

法律で定める学校教育が「狭義」の教育とすれば、日々の養護や活動の中で“保育者が働きかける”学びは、「広義」の教育。

養護と広義の教育 ←…… 施設・年齢にかかわらず、すべての子ども対象！

| 通常表される施設の機能 | 保育園 | 幼保連携型 認定こども園 | 幼稚園 |
| --- | --- | --- | --- |
| | 保育（養護と教育） | 教育※と保育 | 教育※ |
| | 3～5歳児 制度として認められた幼児教育 | 3～5歳児 法律が定める教育時間（4時間）の幼児教育 | 3～5歳児 法律が定める教育時間（4時間）の幼児教育 |
| | 0～2歳児 | 0～2歳児 | |

「教育※」は法で定める学校教育

→ 今回の改定で共通化・強調された幼児教育

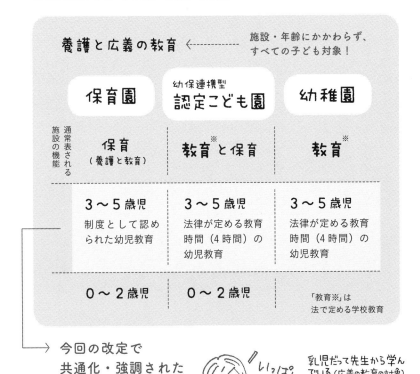

たのです。

保育園というのは、何度も書いてきたとおり、法的位置づけとしては福祉機関です。もともとは、仕事や病気といった理由を持つ、ニーズの高い親を支えるために作られた施設です。しかし、最近は、親だけではなく「ニーズの高い子ども」という視点がクローズアップされています。

たとえば、保護者の経済的困難による子どもの貧困です。地域差が大きいのですが、あるエリアではここ何年かで「保育料（負担）が0円」の家庭が、全園児の何割にも及んでいるところもあります。保育料が0円というのは、要するに、生活保護世帯かそれに近い経済状況にあるということです。

そういう家庭の中には、食事をちゃんと与えてもらえていない子もいて、園の先生が特別に朝ご飯や夕ご飯を用意している園もあります。

しかし心配なのは生活苦だけではありません。それ以外にも、深刻な問題があります。たとえば、

・親の愛情を十分受けられていないために起こる情緒的発達の遅れ
・親のかかわりが薄いために陥る体験不足と知的育ちへの刺激不足
・適切な言葉かけを受けられる機会、考える機会が著しく少ないことによる、言葉

# 貧困によるこれらの不足を園の養護で補いたい

だから養護を大事にしてほしいんです…
食事や服がちゃんと与えられている
食事等が与えられない
経済的貧困
さまざまな体験が与えられている
愛情が与えられている
適切な言葉がけを受けている
ありがとう
無視や暴力を受ける
愛情の貧困
体験が与えられない
体験の貧困
言葉がけを受けられない
言葉の貧困

や思考力の遅れ

これらは、しいて言い換えれば、「愛情の貧困」「体験の貧困」「言葉の貧困」です。これらをすべてまとめて、私は「子どもの貧困問題」ととらえています。つまり子どもの貧困問題は、経済的な問題だけでないのですね。

経済的貧困が、愛情・体験・言葉の貧困に影響を及ぼしやすいのは確かです。しかし、物質的に恵まれていても、心の奥で深く愛されている、守られているという実感を持っているとは限りません。小・中学校でいじめがはびこるのも、満たされない気持ちを持った子どもたちがたくさんいることを何らかの形で反映しているのではないでしょうか。

物や情報があふれかえり、ほしいものは何でも買い与えられ、やりたい習い事もたくさんさせてもらっている。でも、子どもの求める本当の愛情の交流やかかわりは、豊かになっているとは限らない。時間にも気持ちにもゆとりのない保護者のもとで、非認知能力の育ちがままならない子どもが数多くいる。

こういう社会的背景があるとすれば、あたらめて子どもを愛情深く保護することの重要性が、強調されなくてはならないんですね。

## 〝保護の懇切〟なくして幼児の教育は成り立たない

保育園は福祉施設として、これらの「貧困問題」をかかえる子どもたちの育ちを支える必要があります。21世紀型の教育は重要ですが、同時に「養護的なかかわり」を丁寧に行っていかなくては教育にならないのです。

それは、戦後に「保育」という言葉が再定義された歴史にもかかわっています。「保育」は明治時代から使われていた単語ですが、戦後、それを時代に合わせて再定義したのは「日本の幼児教育・保育の父」といわれる倉橋惣三です。彼は、戦後すぐの1946年3月、『幼児の教育』（日本幼稚園協會発行）という雑誌の中に、このようなことを書き残しています。

幼児保護と幼児教育　　倉橋惣三

子どものいるところ皆教育である。その意味において、幼児に対する一切は皆教育である。（中略）

飢えている子には食を、凍えている子には衣を、浮浪の子には家を、まず何よりも先に与えなくてはならないし、誰の心もそこに動く。当然のことである。極端な境遇でないとしても、家庭で与えられるべき福祉の平常を欠く幼児には、その最低の福祉はどうしても護らなくてはならない。その福祉は、適宜の睡眠、適時の娯楽、ことにやさしい心遣いを中心として、物と心との両面においてであり、それは幼児の生活権といってもいい。（中略）

ことに今日のわが国において、それはあるいは特殊な問題でなくなっているかもしれない。すべてその幼児生活がその当然のあり方を奪われているといっていいかもしれない。このときの幼児生活が、保護の対象に置かれる必要があるとさえ感じられる。少なくとも幼児に対するすべての考慮と施設とは、常に保護の心を用意していなければならないのである。（原文をわかりやすく編集しています。編集部）

つまり、すべての幼児にとって幼児教育は重要だけれど、生活が満たされていない家庭では、まず、保護が優先されなくてはならないし、すべての幼児施設においては、常に保護を行わなくてはならないと考えていたのですね。その記事の中で『保護を棄ててしまっては、教育はありえない』と訴え、さらに、

教育が教育として教育らしく行われるときには、かえって幼児教育の信義が失

われることがないでもない。それに対して、保護の懇切には、与える者にとっては人間教育の最も濃密な機会が、受ける者にとっては生活訓練のもっとも自然な機会が備わっている。それだけですでに立派な幼児教育である。

とまでいっています。懇切とは「温かい心配り」の意味。教育的教育が万が一なくても、「保護の懇切」さえあれば、それが立派な幼児教育になりうるということですね。

この「保護の懇切」が何を意味するかは、倉橋惣三の『育ての心』などを読んだことがある人には、ピンとくるのではないでしょうか。子どもの気持ちを尊重し、それにぴたっと寄り添って保護しようとする、「深い愛情」といえるものです。

## 「保育」という言葉の意味

その当時、学校教育法をつくる動きの中で、学校教育法の中に幼稚園を入れるかどうか、つまり「幼稚園を学校と認めるかどうか」という議論がありました。その議論の中心となったのが、その倉橋惣三や保育問題研究会の設立者・城戸幡太郎、文部省初等教育課長だった坂元彦太郎などでした。

結果的に彼らの努力が実って、幼稚園は末尾ながら、1947年の学校教育法の総則 第一条に「この法律で、学校とは、小学校、中学校、高等学校、大学、盲学校、聾学校、養護学校及び幼稚園とする」と定められました（現在では、2007年の改定から、幼稚園が一番はじめに記載されるようになっています）。

しかし、幼稚園が学校と位置づけられるのはいいが、その学校教育法の中で、「幼稚園は幼児を教育し…」というような文言が入る案が出されたのです。それに対して、このとき倉橋たちは、今になって考えると大切な要望を出したのです。

「幼稚園は教育をする場所であることは間違いない。しかし、安直に〝教育〟という言葉を使ってしまうと、小学校の教育と勘違いされ、〝幼稚園は小学校でやっている教育を薄めてやればよい〟という誤解が広がりかねない。幼児教育機関の〝教育〟は、小学校の教科学習とは違い、常に前提として〝保護〟が必要なのだ。それを明確にするために、〝保育〟という言葉を学校教育法の中で正式に使うようにしよう」と考え、それを提案したのです。

すでにこの当時、「保育」という言葉は幼稚園で使われていたのですが、倉橋はその議論の中で、「保育とは、保護の一字と教育の一字を取った保護＋教育のことだ」と、新たに意味づけをしたわけですね。そしてこの提案が通り、学校教育法には、「幼稚園は幼児を〝保育〟し」と書かれたのです。今でも学校教育法には、幼稚園は「幼子どもがいたずらをしている。
その一生懸命さに引きつけられて、
止めるのを忘れている人。
……
実際的には直ぐに止めなければ困る。
教育的には素より叱らなければ
ためにならぬ。
……
しかし、教育の前に、先ず子どもに
引きつけられてこそ、
子どもへ即《つ》くというものである。
子どもにとってうれしい人とは、
こういう先生をいうのであろう。
側から見ていてもうれしい光景である。

倉橋惣三『育ての心』〝ひきつけられて〟より

参考『育ての心』（倉橋惣三文庫　フレーベル館）

児を保育し」と書かれています。私はこの倉橋たちの願いは、現在の幼稚園、保育園、認定こども園の先生たちが、共通して持っていなければいけないものだと強く思っています。

倉橋のいう「保護の懇切」はシンプルに言い換えれば、保育者の深い愛情。それをもって教育を行う。それが「幼児教育」の絶対原理という意味です。

その後、1965年には、初めて保育所保育指針が作られました。このとき倉橋たちが「保護し教育する」とした「保護」の部分は、福祉用語の「養護」という言葉に置き換えられました。そこに至るには少々複雑な経緯があったようですが（左ページ参照）、現在の指針には、「保育とは養護と教育を一体的に展開する」という形で表現されています。

この「養護と教育を一体的に展開する」の中の「一体的」という言葉は少し理解するのが難しく、わかりやすくいうならば、「常に保育者が深い愛情も持って」、その上で教育を行うことを示しているといえます。

## 十分に養護の行き届いた環境とは？

現在、共働き世帯の増加に伴って、保育園へ入園希望が増えています。その大

# モテモテな♥「保育」という言葉の来歴

部分が0～2歳児で、10年前までは、保育園に通っている1～2歳児の園児の割合は3割以下でしたが、現在では、4割近くにまで達しています。

法律上、0歳児の配置基準は、子ども3人につき保育者1人、1～2歳児は6人につき1人。ですから計算上は、ひと部屋に30人の1歳児がいたら、5人の保育者がいれば、要件は満たしていることになります。

しかし海外の調査では、配置基準が同じでも、子どもの人数が多くなると騒がしさが増してストレスが高くなり、衝突も多くなるという報告があります。

現場の先生であれば、これがどういう状況なのかたやすく想像できますよね。子どもの数が増えれば子ども同士の接触が多くなり、トラブルが増えます。ひとつの部屋で誰かが泣けば、みんなが不安になってつられて泣き出します。先生たちも方々に気を配ることになり、目の前の子どもに集中できにくくなってしまう。

こういう状態が続くと、子どもたちは「自分は大事にされている、愛されている」と実感することが難しくなります。それは後々までネガティブに影響する可能性があります。

今、行政は子どもを預けたい親（待機児童）に応えることに必死で、結果として「ひとりでも多く」と、詰め込みが行われてしまうことも起こっています。待機児童のほとんどが自分の気持ちを言葉にできない3歳未満の小さな子どもです

# 「配置基準が同じなら、グループサイズが小さい方がいい」

（スウェーデンの調査報告より）

から、こうした事態は何としても避けたいものです。

しかし保育園不足、保育士不足の状況下で、このような環境をすぐに改善するのは、大変難しいといえるでしょう。そこは保育の仕方を最大限工夫してもらうしかありません。「部屋をいくつかに区切ってすべて小さなグループ単位で活動する」「壁の色、カーテンの色などを季節に応じて変えて、どれが落ち着くか調べている」園もあるようです。このような対応方法を探っていただきたいと思っています。

現場の先生たちが苦労されていることは重々わかっているつもりです。でも保育は子どもの一生の基礎を育てる営みです。子どもを十把一絡《じっぱひとから》げに扱わず、一人ひとりの子に丁寧に愛のメッセージを届けていく、その保育の基本原則を今一度確認し合ってほしいのです。

指針の中には、保育の目標として「十分に養護の行き届いた環境の下に……生命の保持及び情緒の安定を図ること」と記されています（総則1　保育所保育に関する基本原則・保育の目標のアの（ア））。

十分に養護の行き届いた環境というのは、「一人ひとりの子どもが保育者に深く愛されていて、好きなことをいっぱいさせてもらえて、毎日保育園へ行くのが楽しくて楽しくてしょうがない！」、そんなふうに子どもが目をキラキラさせる環境です。そして、指示、命令、禁止の言葉を原則使わないような、温かい保育環境づくりをめざす。今回、指針の総則に「養護」があがったのには、そういう思いが込められていると思っていただけたらと思います。

それと同時に、とくに養護が大事な「0〜2歳児の保育」を3〜5歳児保育と区別して、0〜2歳の時期に独自の育て、育ちの課題を丁寧にこなすものとして位置づけるように修正がおこなわれました。

ここでいったん、1章の「総則」から離れて、2章の「保育の内容」を見てみます。

## 養護の行き届いた人的環境

検証中（例）　物的環境　p81参照

□大けがに至るような場合以外、指示、命令、禁止の言葉を使っていない
□好きなことをいっぱいさせてあげられている
□失敗してもとがめていない
□とくに0〜2歳児にはいつも静かで温かい口調
□スマイル
大丈夫ね
こっちにしようか

## 「乳児の保育内容」の記述が厚くなった

前々回の1999年度版指針では、3歳未満児の保育の「ねらい」と「内容」には、5領域の記述がありませんでした。当時は、6か月未満児、6か月～1歳3か月未満児、というように年齢で保育の内容を8つに区切り、それぞれのねらいと内容を1章ずつ立てて（つまり8章分にして）詳しく説明していたのです。

それを前回の2008年度版では、全年齢が幼稚園要領と同じ内容の「5領域」にまとめられました。「ねらいと内容は年齢によってぶれるものではなく、統合したひとつの〝5領域〟で説明できる。変わるのはその〝やり方〟であり、それは現場裁量で決めるべきだ」「指針にいろいろ細かく書き込むのは、国のガイドラインとしてふさわしくない」などの判断があってのことです。

ところが実際に運用してみると、やはり0～2歳については3歳以上の子どもと発達に異なる部分が多く、同じ「5領域」の「ねらい」と「内容」でとらえようとするとムリが生じることがわかりました。

とくに0歳児（乳児）の場合は、「5領域」にある「言葉」がまだ喃語だったり、「人間関係」も多くが保育者や保護者に限定されるなど、「どのようにその発達を評価していいかわかりにくい」と、現場から多くの戸惑いが出てきました。

# 1つしかなかった<br>5領域の年齢区分を3つに変更

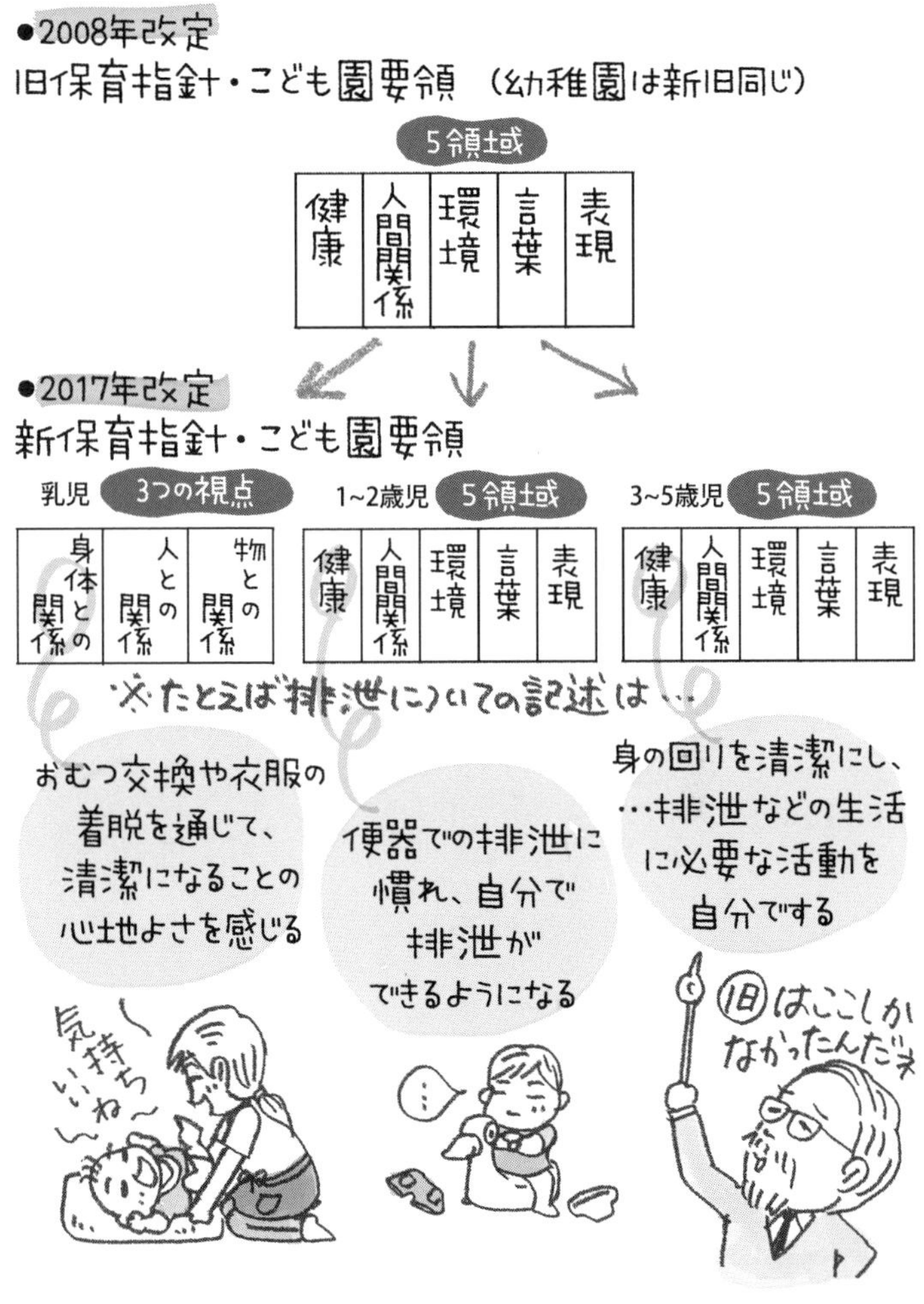
●2008年改定
旧保育指針・こども園要領　(幼稚園は新旧同じ)
5領域
健康
人間関係
環境
言葉
表現
●2017年改定
新保育指針・こども園要領
乳児　3つの視点
身体との関係
人との関係
物との関係
1~2歳児　5領域
健康
人間関係
環境
言葉
表現
3~5歳児　5領域
健康
人間関係
環境
言葉
表現
※たとえば排泄についての記述は…
おむつ交換や衣服の着脱を通じて、清潔になることの心地よさを感じる
便器での排泄に慣れ、自分で排泄ができるようになる
身の回りを清潔にし、…排泄などの生活に必要な活動を自分でする
旧はここしかなかったんだネ
気持ちいいね～
…

そこで、2017年度の改定では、1～2歳児はその発達に即した「5領域」を考え、0歳児は「5領域」に替えて、3つの視点を立てて書くことにしたのです。ここは、認定こども園の要領も、ほぼ同様に記載されています。

乳児（0歳児）の保育内容の新しい「3つの視点」は、次のとおりです。この3つの視点から、1歳児の5領域のほうに分化していくイメージになっています（左ページ参照）。

ア　健やかに伸び伸びと育つ
――健康な心と体を育て、自ら健康で安全な生活を作り出す力の基盤を培う。
イ　身近な人と気持ちが通じ合う
――受容的・応答的な関わりの下で、何かを伝えようとする意欲や身近な大人との信頼関係を育て、人と関わる力の基盤を培う。
ウ　身近なものと関わり感性が育つ
――身近な環境に興味や好奇心を持って関わり、感じたことや考えたことを表現する力の基盤を培う。

この乳児の育ちには、とくに手厚い養護が必要であって、保育者の愛情を欠く

# 乳児保育の3つの視点と5領域のイメージ

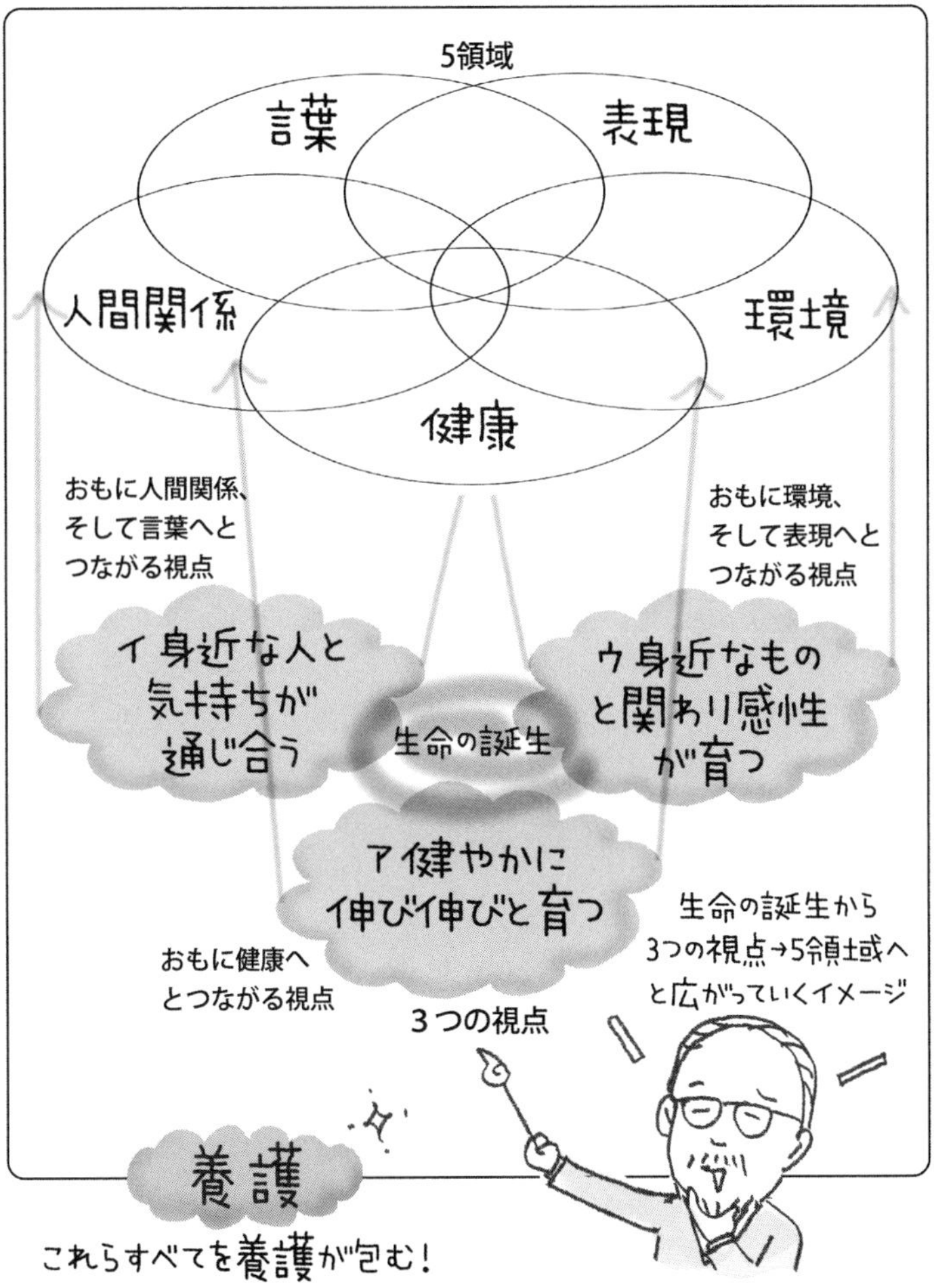

ことができません。愛着形成のために「特定の大人との応答的な関わり」が必要であることを説き、中でも「イ　身近な人と気持ちが通じ合う」の部分では、くどいほどに「応答的」「受容的」「優しく受け止める」という言葉を重ねています。集団保育ではありますが、1対1の関係を温かく丁寧につくることが発達の基本であることを明示しています。実際に保育指針のその部分を読んで、確認してほしいと思います。

1・2歳児については5領域のままですが、そのねらいと内容は3〜5歳児の5領域のそれと少し変えています。1・2歳児の育ちのテーマに沿った内容になっていますので、ぜひそこも丁寧に読んでいただきたいと思います。

なお、この保育指針の2章については、もうひとつお伝えしておきたいことがあります。

2008年の保育指針では、5領域の各領域ごとに「(ア) ねらい」「(イ) 内容」のみを記載していました。しかし、2017年の改定では、幼稚園・認定こども園とそろえて、「(ウ) 内容の取扱い」という項目が入っています。

この「内容の取扱い」は、実践する上で留意したい点が書かれていて、ある意味、「ア ねらい」や「イ 内容」よりも具体的な実践上のヒント、指針になっています。

また、保育指針にだけは、3つの年齢区分ごとに、(1) 基本的事項、(2) ねら

# 乳児（0歳児）保育の3つの視点

い及び内容、の後に「（3）保育の実施に関わる配慮事項」が入っています。ここも実践上の大切なポイントですので、どうぞ目を通してください。

「養護」に関して最後に、認定こども園と幼稚園の要領の中の取り扱いに触れておくと、認定こども園の要領では、今回の改定に先だって、２０１４年の要領から「総則の第３・幼保連携型認定こども園として特に配慮すべき事項」の中に、養護のことが書かれています。

幼稚園要領では、養護という言葉こそ使っていませんが、要領の中に散見する安心や信頼関係などの表現の中には通じるものがあります。何より学校教育法に「幼稚園は保育を行う場」と書かれており、倉橋の「子どもを保育し」という理念の中に生きています。また、園の活動で3歳未満児に触れる機会もあると思いますから、幼稚園の先生たちも、ぜひ、保育所保育指針の「総則1（2）保育の目標」や、「総則2　養護」を読んで共有してください。

# 養護の行き届いた物質的環境

検証中（例） 人的環境 p73 参照

# POINT❷ 「幼児教育」に新しい視点

## ――21世紀型の能力・資質を培うことをめざして

### 日本の教育が育成をめざす〃3つの資質・能力〃って？

さて、今回の指針改定で、「養護的かかわりを厚く」というメッセージと双璧的ポイントとして並ぶのが「総則4　幼児教育」です。

「幼児教育を行う施設として共有すべき事項」の内容には、保育指針、幼稚園と認定こども園の要領に共通して、「資質・能力の3つの柱」と「育ってほしい10の姿」が入りました（各々83ページ、93ページ参照）。

これらが入った最大の理由は、「〃保幼・小連携〃と大学まで続く教育改革の一環として」といえます。実は今まで学習指導要領には、「○○の時代を生きる子だから、△△の力をしっかりと持ってもらおう」という育てたい力や態度、つまり具体的な人間像的な目標が書かれていませんでした。また、そうした力や態度を育てるのにどうした方法が大事かということも書かれていませんでした。

社会の変化が緩やかな時代ならば、それでもいいかもしれませんが、今は冒頭に

# 3つの資質・能力

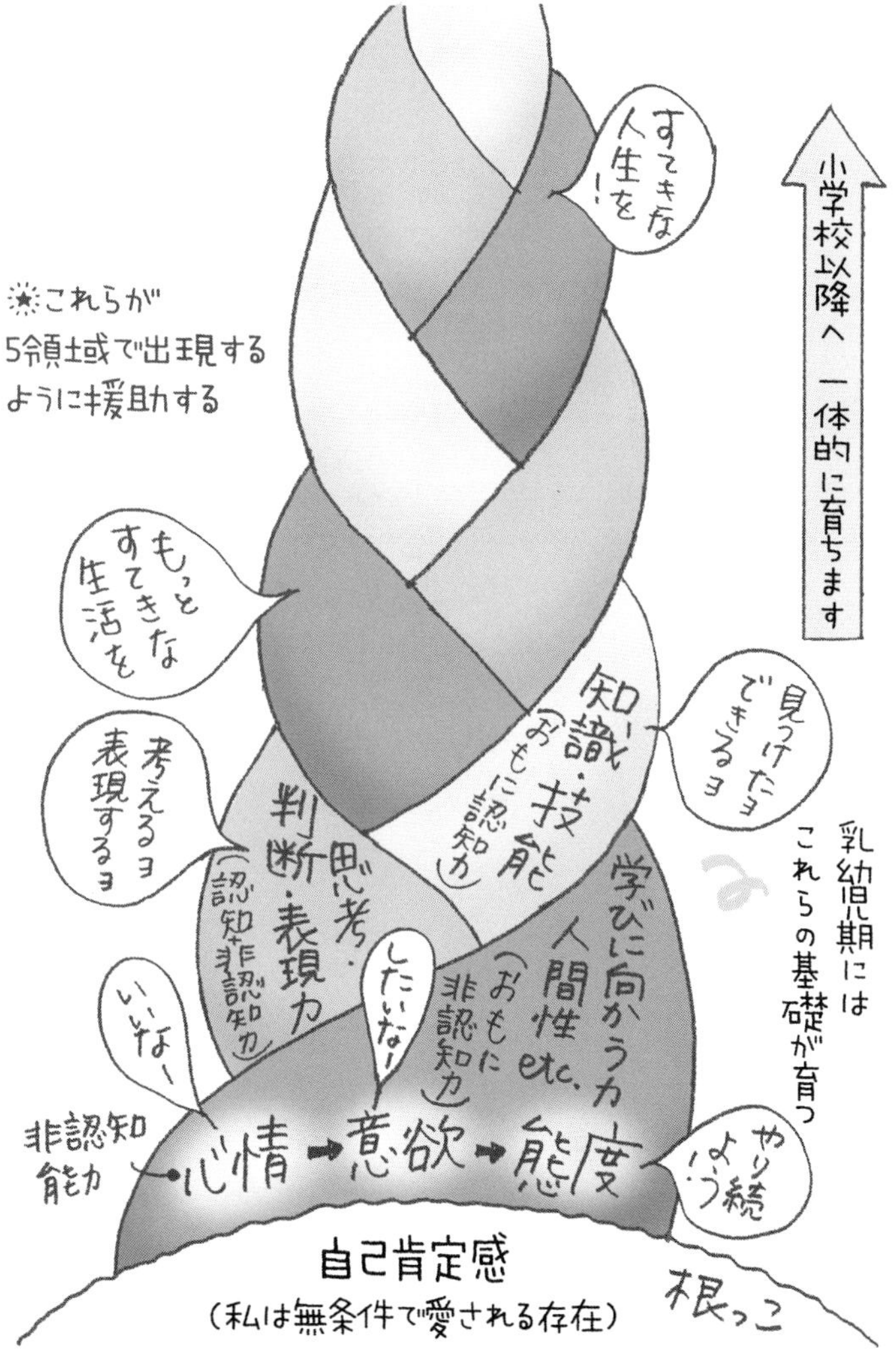
すてきな人生を！
小学校以降へ　一体的に育ちます
☀これらが5領域で出現するように援助する
もっとすてきな生活を
知識・技能（おもに認知力）
見つけたよ　できるよ
考えるよ　表現するよ
思考・判断・表現力（認知非認知力）
学びに向かう力　人間性etc.（おもに非認知力）
乳幼児期にはこれらの基礎が育つ
いいなー
したいな！
非認知能力
心情→意欲→態度
やり続けよう
自己肯定感
（私は無条件で愛される存在）
根っこ

述べたように先が読めない難しい時代です。だからこそ、こうした力が必要ということをみんなで議論しながら教育しないと、結果として時代遅れのことを子どもたちに求めることにもなりかねません。このことはパート1と2である程度述べました。

そこで今回の教育改革では、大きくは「21世紀型の新しい知性を育てる」ことを日本の教育目標とし、「知識に偏ったものではないが一定の知識」「討論や発表、調査などが臨機応変にできる力」、さらに「自分からもっと学ぼうとする力」、こういった3つの知の側面を一体的に備えた力を育てようということになったのです。この3つの知性を合わせ持った力を、国は「資質・能力の3つの柱」といっています。3つの柱とは次の3側面です。

1 個別の知識・技能
2 思考力・判断力・表現力等
3 学びに向かう力、人間性等

これらは小学校以上の学習指導要領では最も大事なものとされていて、保育指針、幼稚園と認定こども園の要領にも、「(3つの)資質・能力を一体的に育むよう努める」と書かれています。

では、「資質・能力とは何なのか？」ですが、わかりやすくいうと、

・資質――「人の持って生まれた天性」で、経験によって洗練されていくもの

・能力――「資質や知識がネットワーク化したもの、潜在的な可能性」のこと。経験によって獲得し伸ばしていくもの

と解釈しています。

もともと人はいろいろな資質を持って生まれてきます。たとえば、想像力が豊かだとか、おしゃべりが好きだとか、そういうのが資質で、これらは経験を積むことで、どんどん磨かれていきます。

一方で、能力は資質として持つ力や獲得した知識や感覚を「結びつける回路」のようなもの。普段は全部を使わずに、多くを潜在化させています。資質や覚えた知識・スキルは、持っているだけではあまり意味がありません。それがつながって、必要な場面で活かされたときに役に立ちます。

たとえば、買い物に行ってお金が足りなくなりそうになったとき、いくらあれば何と何が買えそうかざっと計算して予想したり、海外で道に迷ったとき、それまでどうやって切り抜けたかを思い出し、知っている単語で人に道を聞いたりする。

このように脳や体の既得の情報をつなげてネットワーク化し、いざというときに使えるのが「能力」です。すなわち、能力が高い人間というのは、どれだけ情

報を持っているかというよりも、それらをつなぐネットワークを縦横無尽にリンクさせ、ケースバイケースで、切ったりつなげたりできる人間のことだと、そんなふうにイメージしています。

今まで学校で身につけてきたのは、おもに「学力」です。学力というのはいわゆる「認知能力」で、知識と思考力など〝一部〟のことですね。一部というのは、想像力や創造力、アイデア力などは十分扱っていないからです。これからの時代は、こうした知識と一部の思考力だけではなくて、より柔軟な発想力、討論力や忍耐力、コミュニケーション力、情動のコントロール力などの「非認知能力」が今まで以上に必要になってきますから、従来の「学力だけ」という概念だけでない、新しい21世紀型の知性として「資質・能力」を伸ばせるようにしていきましょうと提言しているのが、新しい学習指導要領、そして、新指針・要領なんです。

その「資質・能力」の3つの側面を、それぞれ次の【　】内のように名付けて考えればわかりやすいでしょう。

1個別の知識・技能——【個別知】
2思考力・判断力・表現力等——【実践知】
3学びに向かう力、人間性等——【人格知】

# 持っている知識を つなげて活用するのが能力 by 汐見

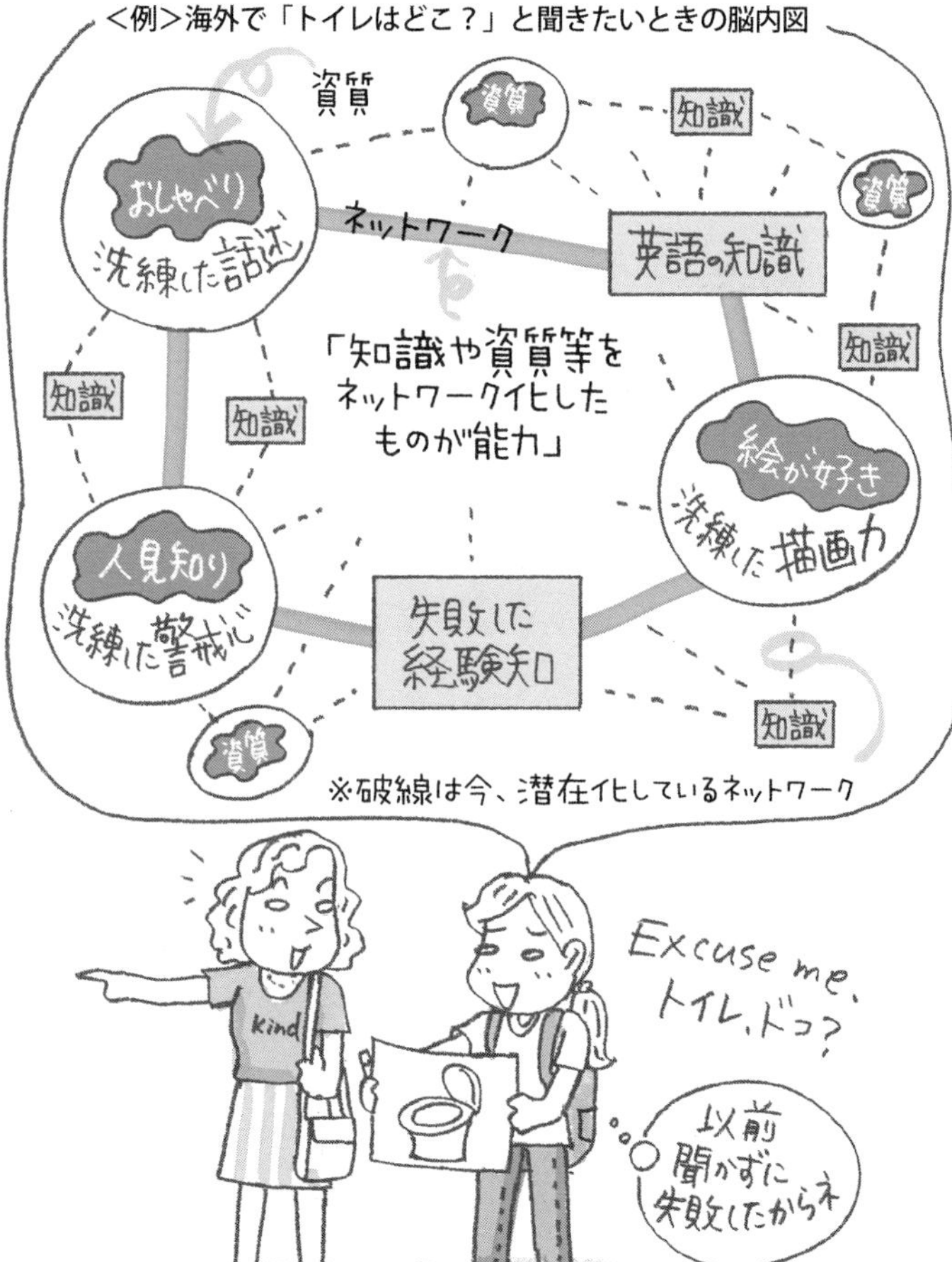

1【個別知】というのは、個々に分断できる知識やスキルのこと。たとえば、積み木で「これは四角、これは三角、これは球」と名前を知っていたり、それらを積み上げられるというスキルなどが、個別知です。

2【実践知】は、「もっと高く積むにはどうしたら?」と考えたり、「四角を下に積んだほうが安定するな」と判断したり、「先生、もっといい方法ないかな?」「こっちのほうがいいよ」と自分の思いを表現したり、友達と相談したり討論できたりする力のこと。

3【人格知】はさらに、これまで心情・意欲・態度といってきたものを中心とした心の構えのようなもので、積み木が大好きになるとか、がんばって工夫すればいいものができるという信念を身につけるとか、学びの姿勢全体の高度化のことです。

この資質と能力は、生まれたときから少しずつ育っていきます。そしてそれらが、保育施設からずっと上の学校機関まで一体的に伸び続けていけるよう、支援しようということなのですね。

# 保育の中で育つ
# 資質・能力の3つの柱

## 〝主体的・対話的で深い学び〟がキーワード

では実際に、どんな方法で、そういう資質・能力が養われるのか？

幼稚園と認定こども園の要領、さらに小学校以上の学習指導要領では「主体的・対話的で深い学び」という文言が、総則の中に入りました（幼稚園、認定こども園の要領では、総則「指導計画の作成と幼児（園児）の理解に基づいた評価」内「指導計画の作成上の留意事項」の中）。今回、やはり、法的な枠組みの関係だと思いますが、保育指針の方には、この言葉は出ていません。しかし、共有されるものと思ってください。

「アクティブラーニング」という言葉を耳にしたことがありませんか？　これはこの議論が始まった当初、この学びのことを「アクティブラーニング」と呼んでいました。ただ、抽象的な言葉なので、２０１７年の改定では「主体的・対話的で深い学び」という、内容を具体的に示した言葉に落ち着きました。

さて、この「主体的・対話的で深い学び」には、読んでわかるとおり、３つの要素が含まれています。「主体的」「対話的」「深い」の３つです。

「主体的」というのは、人にいわれてではなく、子どもが「自分からやりたい！」と思えるような学びでなくてはならないという意味です。自分で興味のあるテーマを探し、自分が学びの主人公にならなくては集中は長続きしませんし、学んだ

# 主体的で対話的で深い学びのシーン

（例）ミーティングタイム

ことも身につきません。これはもう、常識です。

「対話的」は、「自分ひとりで解決しようとしないで」ということ。いろいろな人と直接対話することで、刺激し合って新しいアイデアを出す。このとき、顔の見える対話であることが肝心で、生《なま》の対話は、匿名性のあるネット上のやりとりよりはるかに非認知能力を高めます。目の前に相手がいたほうが、なんとか理解しよう、信頼関係をつくろうという意識が働くからですね。もちろん〝遠くの他者との対話〟、つまり本などから学ぶということも大事ですが。

「深い」学びというのは、思わず「ははーん」「そうなんだ」といって、腑に落ちるような学びです。自分の持っていた知識と、新しい情報が頭の中で結びついて「わかった！」と思えたときの喜びは、自分の中に学びを深く定着させます。

「学びが深く定着する」というのはどんな状態だと思いますか？　そう、いざというとき、それを応用できる力になるということですね。想定していないことが起こっても切り抜けられる力になります。それが21世紀型の能力でしたね。

学校の場合は、これまで教師が黒板を使って授業をする「トーク&チョーク方式」が主流でした。それを減らして、子どもが主体的に課題を探し、それを対話を通して解決して、応用可能な深い学びにできるようにしようと、新しい学習指導要領に掲げたわけです。

しかし、一般的に保育施設で行われているほとんどすべての活動（遊び）は、すでに「主体的」で、「対話的」ですよね。「主体的」にやりたい遊びを見つけて、友達などと「対話」しながら活動するのが日常になっているはずです。

では「深い」学びはどうなのかといいますと、「はは～ん」「そうだったんだ」「やっとできた！」と、子どもの感情が動くような学びです。そのためには、保育をブチンブチンと細切れにしてはダメで、あるテーマを粘り強く追いかけるような遊び、学びが必要でしょう。要するに、活動を連続させる工夫が大事になります。こうやって、保育の中でも生活や遊びを通して、資質・能力が育まれていきます。

「主体的で対話的で深い学び」は今、先進国で先取りされている学びの原則です。そして、今後の21世紀を生きるのに必要な、学びの原理といえるものだと思っています。

## 〝幼児期の終わりまでに育ってほしい姿〟――学校との接続の視点で見ると

幼児教育の部分において、もうひとつのトピックが「幼児期の終わりまでに育ってほしい10の姿」が描かれたことです。

わかりやすい10個のフレーズで書いていますが、けっして「10の姿」は、卒園時までに達成すべき、完成されるべき目標として設定されたものではありません。たとえば、10の姿の中の〝協同性〟は、文章中で、「友達と関わるなかで、……やり遂げるようになる」としてあり、最後の部分を「やり遂げることができる」という表現にはしていません。「やり遂げるようになる」というのは、いつもやり遂げるとは限らないけれど、そういう方向で育っているよね、という意味です。「育ってほしい資質・能力」とダイレクトに書かず、「育ってほしい姿」（イメージ・像）という表現にしたのも、明確なゴールとして設定したわけではないからですね。

ここで、少し詳しく、「10の姿」が何を目的としているかをふたつの側面から説明します。

ひとつには、小学校との接続の関係があげられます。もともとこの「10の姿」は、「これからの時代を生きていくのに必要となる資質・能力の基礎」という視点で5領域から抽出した人間像です。さらに、教育は先に続くものですから、「保幼・小の接続期に、円滑に学びに向かえる資質・能力」という視点も含まれています。

保幼・小連携で、園と学校の先生が交流するとき、園の先生が子どもの様子を伝えようとしても、学校の先生には今ひとつ、イメージしにくいということがありました。「友達と一緒に楽しむ姿がよく見られました」でもよいのですが、学校

# 卒園までに育ってほしい姿って？

※10の姿は、こんなふうに振り返りに使ってほしい「イメージ」です。

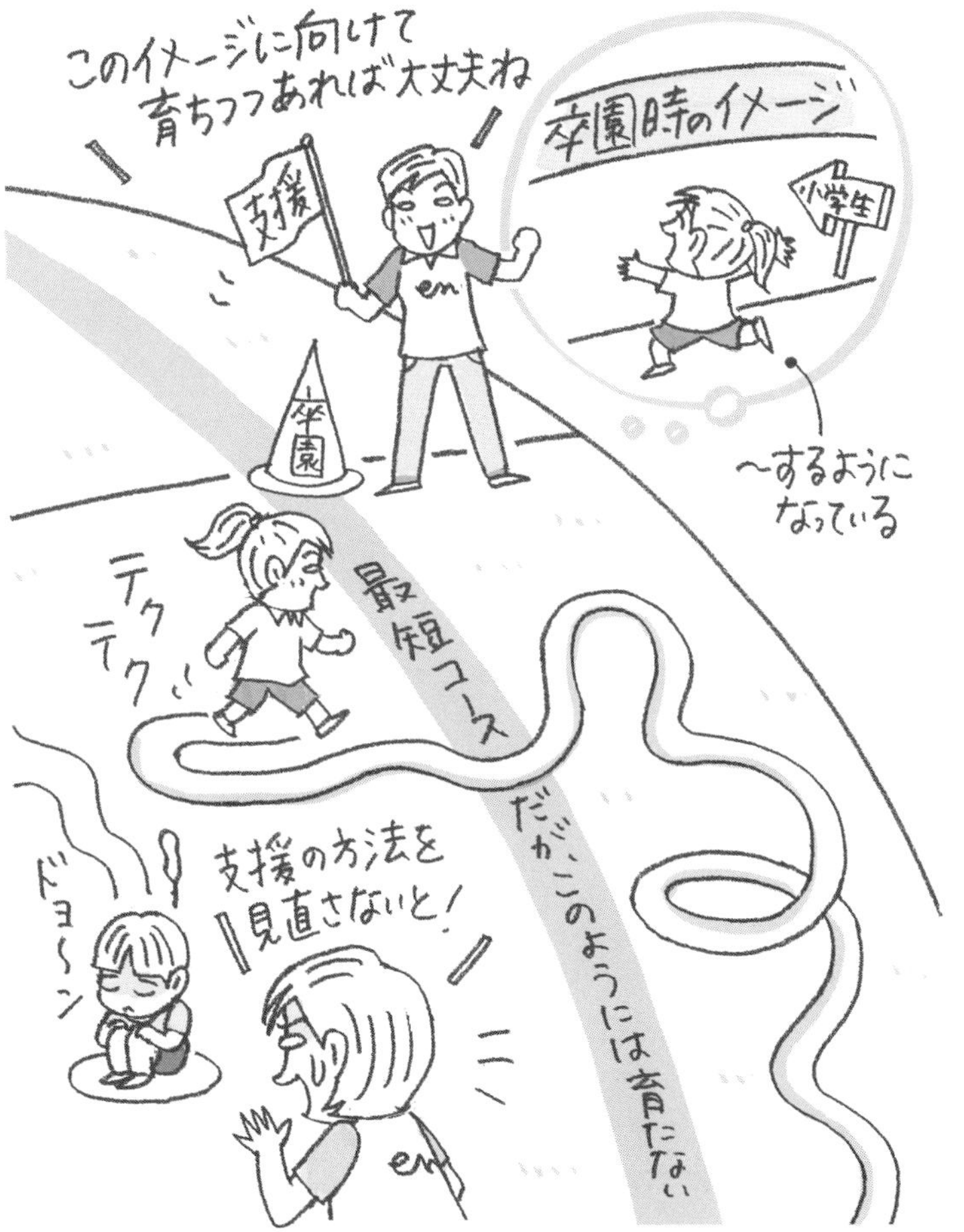

の先生や一般の人がよく使う「協同性」という言葉を混ぜて説明すると、よりいっそう先生には理解しやすい。このように、できるだけ両者でイメージを共有しやすくするために、小学校でも大事であろう資質・能力を5領域の中から探って書き出したのがこの10の姿なのです。

それは、子どもの育ちを連続するもの、続いていくものととらえて、より確実に今あるその子の姿をバトンタッチするための方策です。このように、園と学校の共通言語として、10の姿を立てたというのがひとつの側面としてあります。

しかしそのように小学校との関連で説明すると、「10の姿を意識して保育するということは、結局、学校の下請けにならない？」と考える人が出てくるでしょう。

下請けとは元来、子会社が親会社からいわれて、親会社のやるべき仕事を肩代わりするという意味ですよね。園と学校の関係で考えてみたとき、たとえば、10の姿の中にある〝数量や図形、標識や文字への関心・感覚〟の育ちの援助（遊びや生活の中で、数量や図形、標識や文字などに親しむ体験を重ねたり、標識や文字の役割に気付いたりし、自らの必要感に基づきこれらを活用し、興味や関心、感覚を持つようになる）を飛び越えて、学校でやるべき計算問題や作文が園に委ねられるのであれば、それは園が小学校の下請けになっているといえます。

さらに、10の姿は、あくまでも5領域の中から選んだものです。小学校サイド

# 5領域と10の姿の関連図

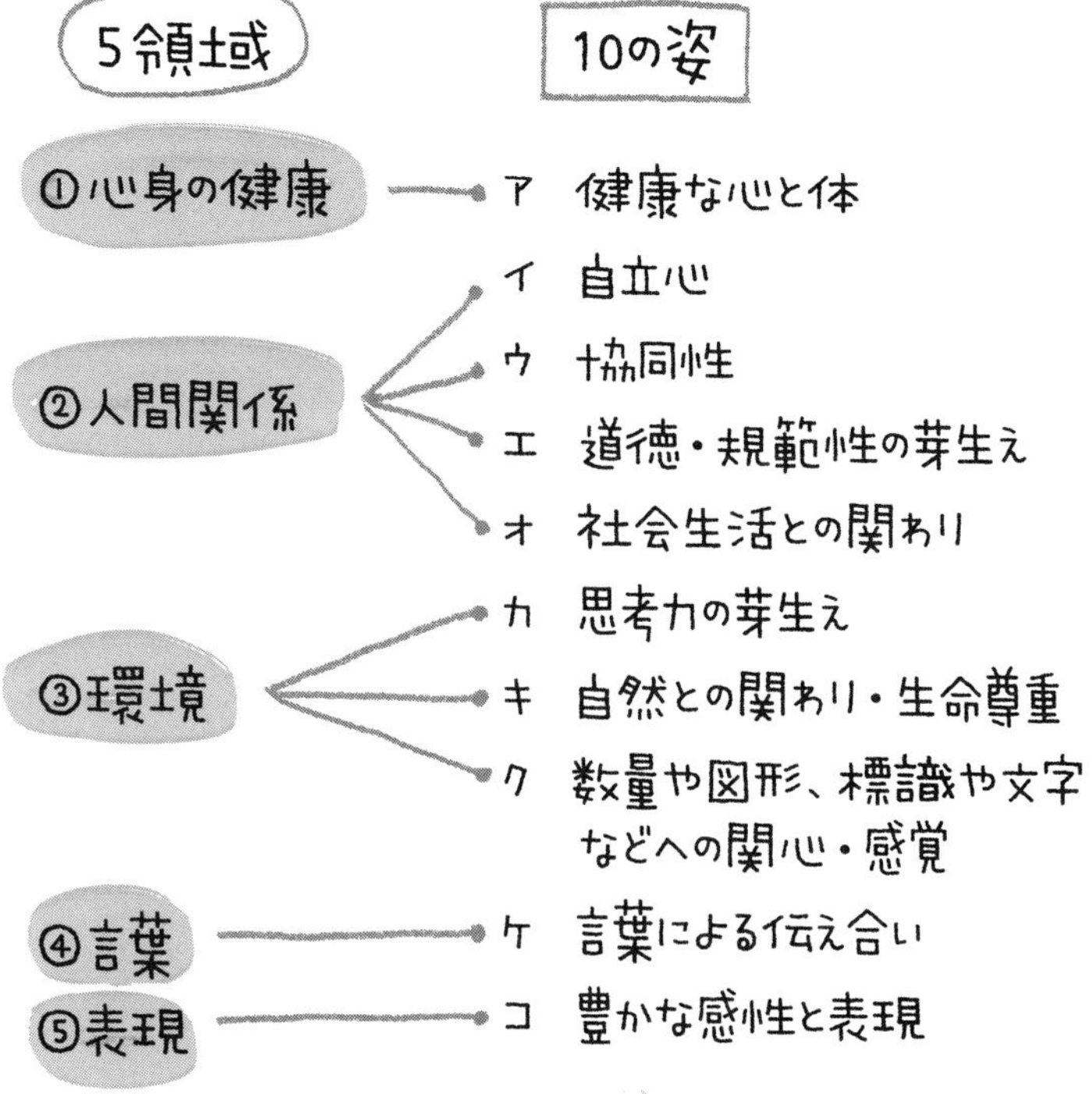
5領域
10の姿
①心身の健康
ア　健康な心と体
イ　自立心
ウ　協同性
②人間関係
エ　道徳・規範性の芽生え
オ　社会生活との関わり
カ　思考力の芽生え
③環境
キ　自然との関わり・生命尊重
ク　数量や図形、標識や文字などへの関心・感覚
④言葉
ケ　言葉による伝え合い
⑤表現
コ　豊かな感性と表現

「10の姿」は突然出てきたものではなく、それぞれの5領域から抽出した、今の時代にとくに大切にしたい項目です。

から要求されて出されたものではありません。中でも体験や言葉の不足等の〝貧困家庭〟にいる子どもにとって「遊びや生活の中で、数や文字に興味や関心を持つようになる」ことは切実で必要なテーマであるからこそ、選ばれているのです。

学校の本分は、「子どもの興味や関心」を原動力とする教科学習指導です。園の本分は、その「興味や関心を持つようになる」ための援助です。そのための活動を自発的に園で担おうという意識を持つことが、園の独自性を保つことになるのです。

今回、小学校の学習指導要領の「教育課程の編成」の項には、初めて、園からの育ちを引き継いで、カリキュラムを組む必要性が書かれました。そこには、

『幼児期の終わりまでに育ってほしい姿を踏まえた指導を工夫することにより、幼稚園教育要領等に基づく幼児期の教育を通して育まれた資質・能力を踏まえて教育活動を実施し、児童が主体的に自己を発揮しながら学びに向かうことが可能となるようにすること』

と書かれています。この小学校の「保幼・小接続を意識したカリキュラム」のことを一般的に、「スタートカリキュラム」と呼んでいます。それが小学校の学習

# 保幼小接続のイメージ

とくに5歳児後半
園
「文字に関心を持つようになる」援助が私たちの仕事ね！
まかせて！
書いたよ
何が咲くかわかるね！
ちゅーりっぷ
10の姿を手がかりにつながる
スタートカリキュラム
小学校
そこから確実に「文字に関心を持つ」にしていくから！ヨロシク
ワイ
ワイ
教材
園と似たような環境設定
すわりなさい!!
タイクツ〜
以前の小一プロブレム

指導要領に組み込まれたということは、すなわち、「幼稚園・保育園・認定こども園が、子どもを教育する場である」ことが前提条件になっています。その教育は、当然、幼児期にふさわしい教育のこと。その接続をイメージするひとつのフックとして、10の姿が示されたのです。

## 〝幼児期の終わりまでに育ってほしい姿〟——園の活動の視点で見ると

ふたつめの側面として、今度はこの10の姿を園の活動から見てみます。

たいていどの園でも、「思いやりのある子ども」「自分を好きといえる子ども」などの「育みたい子ども像」を掲げていますよね？　これは「これからの時代を生きる子たちだからこんな力を」と、未来を見すえて掲げているものだと思います。

10の姿もこの園で掲げる「子ども像」と同じようなものです。「これからはこういう時代になるだろうから、こうした資質・能力を持ってもらいたいよね」と、5領域や内容から考えて明示したものです。「自分を好きな子に」という目標を掲げ、具体的な到達点を設定している園はさすがにないと思います。10の姿もそれと同じで、到達点ではなく、育ちの方向を示しているにすぎません。それらをどこかで意識して保育していればいいのです。

そして、子どもの先々の育ちを考えるなら、「10の姿」はどれも気にとめてほしい項目ではあるのですが、けっして、「園で掲げている保育目標の横に、10個全部、並べてください！」というものでもありません。

場合によっては、書かれた10の姿を手がかりに「〝豊かな感性と表現〟じゃなくて、〝アート〟のほうがこれからの時代をイメージしやすいんじゃない？」とか、「ウチの園は、〝地域のリーダー〟になるような子を育てたいよね」など、園独自の姿を考えてもかまいません。10の姿を吟味して、その中から自分の園で取り組みたいと思う「姿」を選んで、重点課題としてもいいですね。

繰り返しますが、この10の姿はそれぞれを目標に〝しっかり指導しなくては〟と位置づけ保育するものではないのです。

中には間違ってそのように求めてくる行政機関も出てくるかもしれませんが、もしそのように10の姿を到達目標としてとらえてしまうと、10の姿の中にある「自立心」や「思考力」の育ちと矛盾が生じてしまいます。「自立心」「思考力」は子どもたちの「自分たちで考えて行動する力」の育ちを中心とするもので、「自立心を持ちなさい」と迫られてはまったく自立的ではないですし、そもそも、そういわれて育つものではないですよね。

# 幼児期の終わりまでに育ってほしい姿

①「健康な心と体」は育ってきている?

Yes!
見通しを持って
自ら健康で
安全な生活を
つくり出している

②「自立心」は育ってきている?

Yes!
自分のことを自分でできたり、
諦めずに取り組んでいる

③「協同性」は育ってきている？

Yes!
思いを共有して、
協力している

④「道徳性・規範意識」は芽生えてきている？

Yes!
人の立場に立て、
約束をしたりしている

⑤「社会生活との関わり」はもてている？

Yes!
地域の人と
交流し、
必要な情報を
取り入れている

## ⑥「思考力は芽生え」てる?

Yes!
物の性質を感じ、
友達の考えに触れて
工夫しようとしている

## ⑦「自然との関わり・生命尊重」してる?

Yes!
自然物に感動し、
命をいたわっている

## ⑧「数量・図形、文字等への関心・感覚」は育ってきている?

Yes!
自らの「必要感」で
文字を活用してる

## ⑨「言葉による伝え合い」してる？

**Yes!**
本や伝え合いで言葉、
表現を豊かにしている

## ⑩「豊かな感性と表現」は育ちつつある？

**Yes!**
表現する喜びを
味わっている！

※ポイントは
ここから自分たちが行った援助、
足りなかった援助を振り返り、
改善することです。

未来の子どもたちに必要とされる能力を育てる

# 3つの実践「共有」「連続」「可視化」

by 汐見

子どもの未来を見通し、「資質・能力の3つの柱」を育てていく。
それが今回の教育改革の要です。その実際の手段として
有効なのが、この3つの実践スタイル。
まだ取り入れていない園があったら、ひとつずつでも
かまいません。トライしてみてください。
きっと子どもが変わってきます。世界の教育先進国で、
幼児教育の実践は、この方向に進んでいます。

## ①経験したことを「共有」する

説明する、対話する
機会を作る。自分が
やったことを「言語化」する
ことで、感覚的だった経験が
意味づけされ【実践知】
として蓄積する！

聞いている子も
【個別知・人格知】が
高まる。対話になれば、
【実践知】もアップ。

☀「活動するだけ」では
惜しい！「言語化・共有化
する」機会を作ろう！

## ②経験を「連続」させる

活動は何日も
続くことで、おもしろさが
わかってくる。
「もっとうまく」「頑張ろう」
という【人格知】を中心に
高まる！

☀「活動をぶつ切り」にしない！ 継続し、ひとつの物語になるよう援助しよう！

## ③経験を「可視化」する

活動を記録し、ドキュメンテーションなどで可視化。「やったこと」より「何を学んでいるか」の視点で見せる。

保育者、保護者の理解、子どものやる気を刺激する！

☀写真1枚とちょっとしたコメントでもOK。慣れれば、短時間で作成可能になります

# POINT❸ 「保育の質向上」に力点を置く

## ──組織的に行う「計画及び評価」を中心として

### 〝計画と評価を重視する〟その理由は?

★保育施設に通底する「養護」の重要性を再認識する。
★21世紀型の能力・資質を育むために「幼児教育」に力を入れる。

以上が最も大きな2017年度改定ポイントですが、もう一点、大きなトピックがあります。「保育の質向上」です。

今回の3指針・要領の改定は、「保育の質向上のための改定」ともいわれ、とくに、保育所保育指針については、その意向を明確に読み取ることができます。保育指針の「総則　基本原則」に、「その職責を遂行するための専門性の向上に絶えず努めなければならない」という一文が、わざわざ書き加えられました。(総則1「保育所保育に関する基本原則」の「保育所の役割」エ)

そして、今まで、保育指針の第4章に書かれていた「保育の計画及び評価」が、「総則3」に繰り上げられて記載されています(幼稚園とこども園の要領も同様に、それぞれ第3章にあったものが、総則に入りました)。

「え？〝保育の計画及び評価〟が『総則』に上がったということは、そこが大事だからだとして、それって保育の質とどんな関係があるの？」と思った人がいるかもしれません。それについて、ちょっと詳しく説明を加えますね。

## 〝カリキュラム・マネジメント〟で保育の質を上げる！

幼稚園の要領の中には、「教育課程」という言葉があります。「教育課程」というのは、教育施設の大きな目標、求める子ども像、それを具体化するための計画の見通しなどを書いた学校の基本文書のこと。小・中学校などの学習指導要領にも登場する言葉です。この「課程」のことを、英語では「カリキュラム」といいます。

その課程（カリキュラム）をベースにして、指導計画（年間指導計画、日案など）が作られます【Ｐｌａｎ】。さらにそれを足がかりに実践【Ｄｏ】→評価（実践の読み取りと反省）【Ｃｈｅｃｋ】→人的配置や対応、環境の改善【Ａｃｔ】→新しい計画作り【Ｐｌａｎ】。という循環が繰り返されます。この循環のことを、一般に「ＰＤＣＡサイクル」と呼んでいます（111ページ参照）。

このＰＤＣＡサイクルの目的は、ずばり、「教育の質向上」です。

なんの工夫もなく、ほかの人が作った指導計画を丸写しにするとか、行き当たりばったりで活動を行って、自分の実践の評価や改善を行わずにいたら、活動の質はほとんど上がっていきません。

そこで、「責任者や時間を決めて、計画案作りや改善のための実りある会議を行う」「保育ドキュメンテーションやポートフォリオ（※）などで記録を可視化して評価をしやすくする」。このような取り組みを通して、質向上のために「ＰＤＣＡサイクル」を組織的、計画的に行えるよう管理したりすることを、「カリキュラム・マネジメント」（略称カリ・マネ）と呼んでいます。

２０１７年改定の幼稚園と認定こども園の要領には、この「カリキュラム・マネジメント」という言葉が入りました。幼稚園の要領には次のように書かれています。

『…教育課程に基づき組織的かつ計画的に各幼稚園の教育活動の質の向上を図っていくこと（以下「カリキュラム・マネジメント」という）に努めるものとする』

（第1章　総則　第3「教育課程の役割と編成等」の1）

つまり、「教育課程をつくり、カリキュラム・マネジメントをきちんとやって、教育活動の〝質の向上〟を図ってくださいね」ということが、幼稚園教育要領の「総則」

※保育ドキュメンテーション＝写真を使うなどして、保育・学びのプロセスを記録したもの
ポートフォリオ＝記録をファイルにして綴じたもの

# PDCAサイクルと
# カリキュラム・マネジメント

の中に書き込まれたのですね。認定こども園の要領にも、同じ文言が入っています。「カリキュラム・マネジメント」というのは、本来、教育界の専門用語です。今回、小学校以上の学習指導要領にその文言が入ったので、それにそろえて幼稚園の要領にも書き込まれました。幼保連携型認定こども園は、認定こども園法の中で、「学校」と規定されているので、こちらにも「カリキュラム・マネジメント」が入ったのです。ただ、保育園には「学校」と定める法律がないため、今回は、「カリキュラム・マネジメント」という言葉は、保育指針には入りませんでした。

しかしこの改定で、保育指針でも「総則 3」で、「1全体的な計画の作成→2指導計画の作成→3指導計画の展開（実践）→4保育内容等の評価→5評価を踏まえた計画の改善」と、PDCAサイクルを意識して項目が立てられ、最後の部分には、『一連の取組みにより、保育の質の向上が図られるよう、全職員が共通理解をもって取り組むことに留意すること』と明記されています。これはまさに、カリキュラム・マネジメントのことです。言葉はなくとも、意図されていることは同じなんですよ。

## 〝全体的な計画〟と教育・保育課程の関係は？

ところで、2017年の3つの指針・要領の中で、共通して使われている「全体的な計画」という言葉があります。「全体的な計画」は、PDCAサイクルのP（計画）のベースになるものですが、これはどんなものなのか。

保育園では、2008年の指針改定で「保育課程」の作成が義務化されました。実はその「保育課程」が、今回の改定から認定こども園に合わせて、「全体的な計画」と呼ばれ、その名称が幼稚園の要領の中でも使われることになったのです。それにはこんないきさつがあります。

幼稚園では、今から半世紀近く前の1964年（昭和39年）に、「教育課程」の作成が義務づけられました。保育園でも2008年に「保育課程」の作成が指針に書き込まれ、これによって、幼保のシステムの一元化が進んだことになりました。

ところがその後、認定こども園をつくることになり、認定こども園の「○○課程」の名前を考えるとき、ちょっと困ったことが起きたのです。

保育園では、0〜5歳児までの全活動を「保育」、一方、認定こどもでは、3〜5歳の教育時間（おもに10時〜14時）を「教育」、0〜2歳児と3〜5歳の保育時間（おもに14時以降）を「保育」と分けています。幼稚園は、3歳以上が「教育」を受ける施設です。

そのため、認定こども園で「教育課程」という言葉を使うと、0〜2歳児が幼稚園と同じ「教育」を受けていることになり、「保育課程」にすると今度は、認定こども園法で0〜2歳が受ける「保育」を3〜5歳児も受けることになって、法

# 3つの施設の全体的な計画

保育指針・要領をもとにして作成した構造図

## 幼稚園

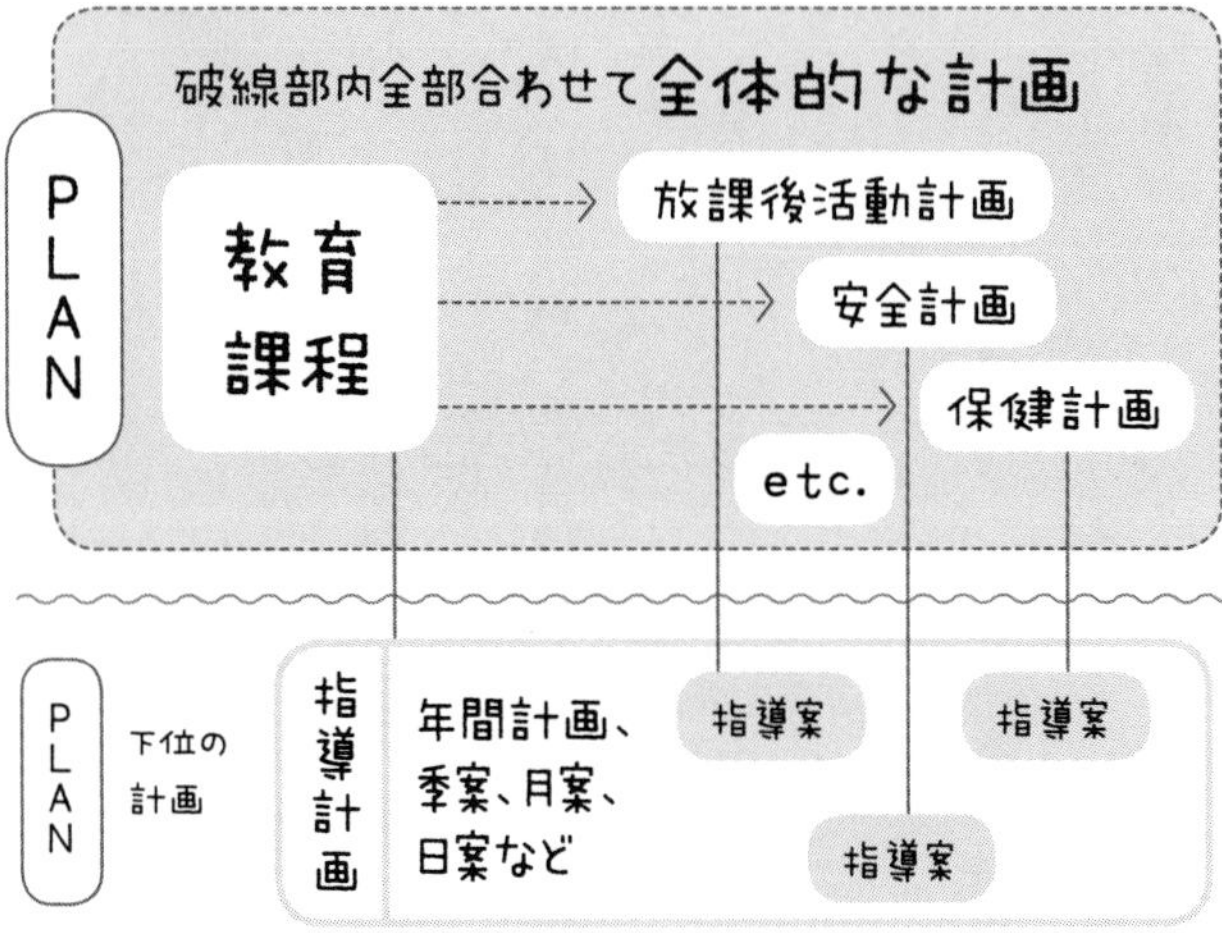


全体的な計画は「教育課程」を中心に他の計画を立てる

それぞれ全体的な計画をベースに指導案を作成

## 保育園

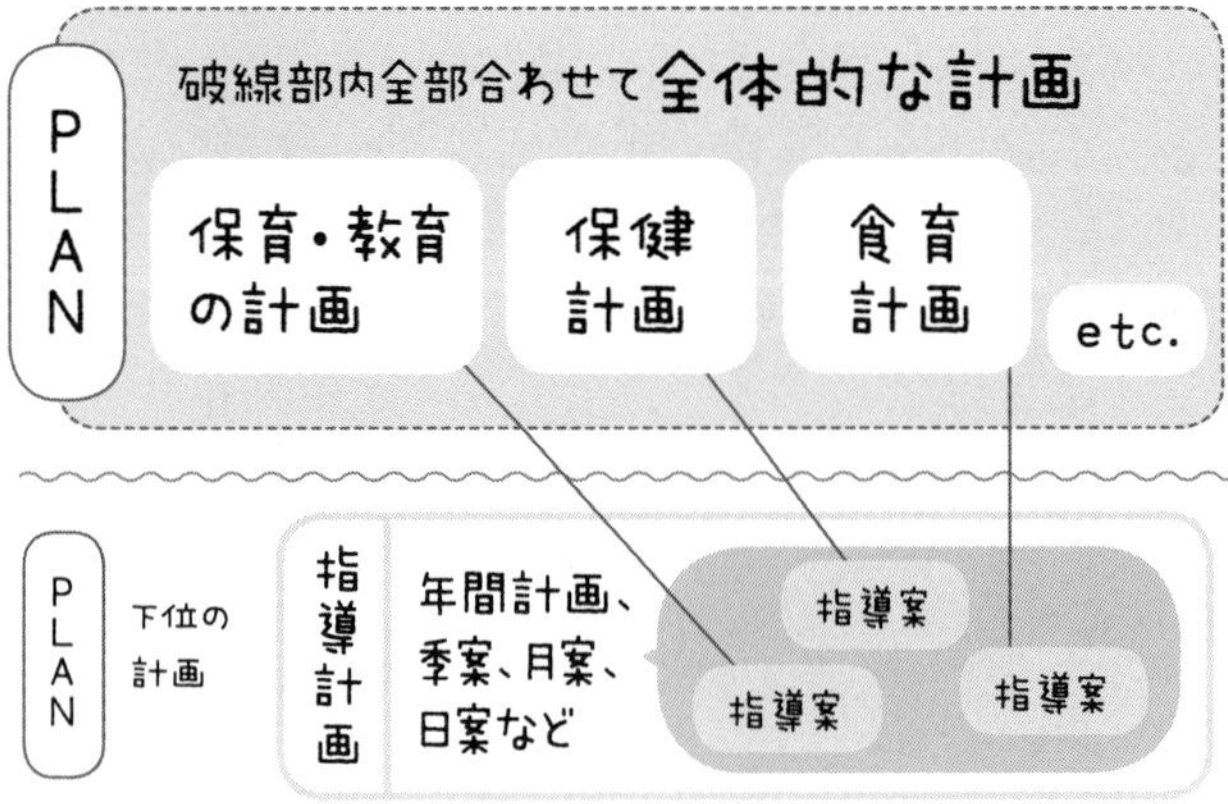


保育園には0～2歳児がいるため、全体的計画は、保育・教育、保健、食育を統合した形でつくることになる

それぞれ全体的な計画をベースに指導案を作成

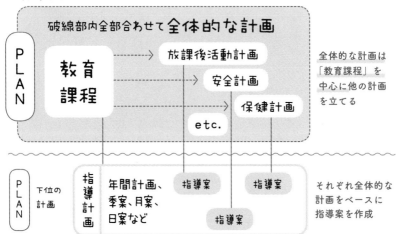

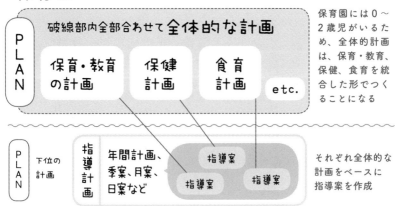

## 認定こども園

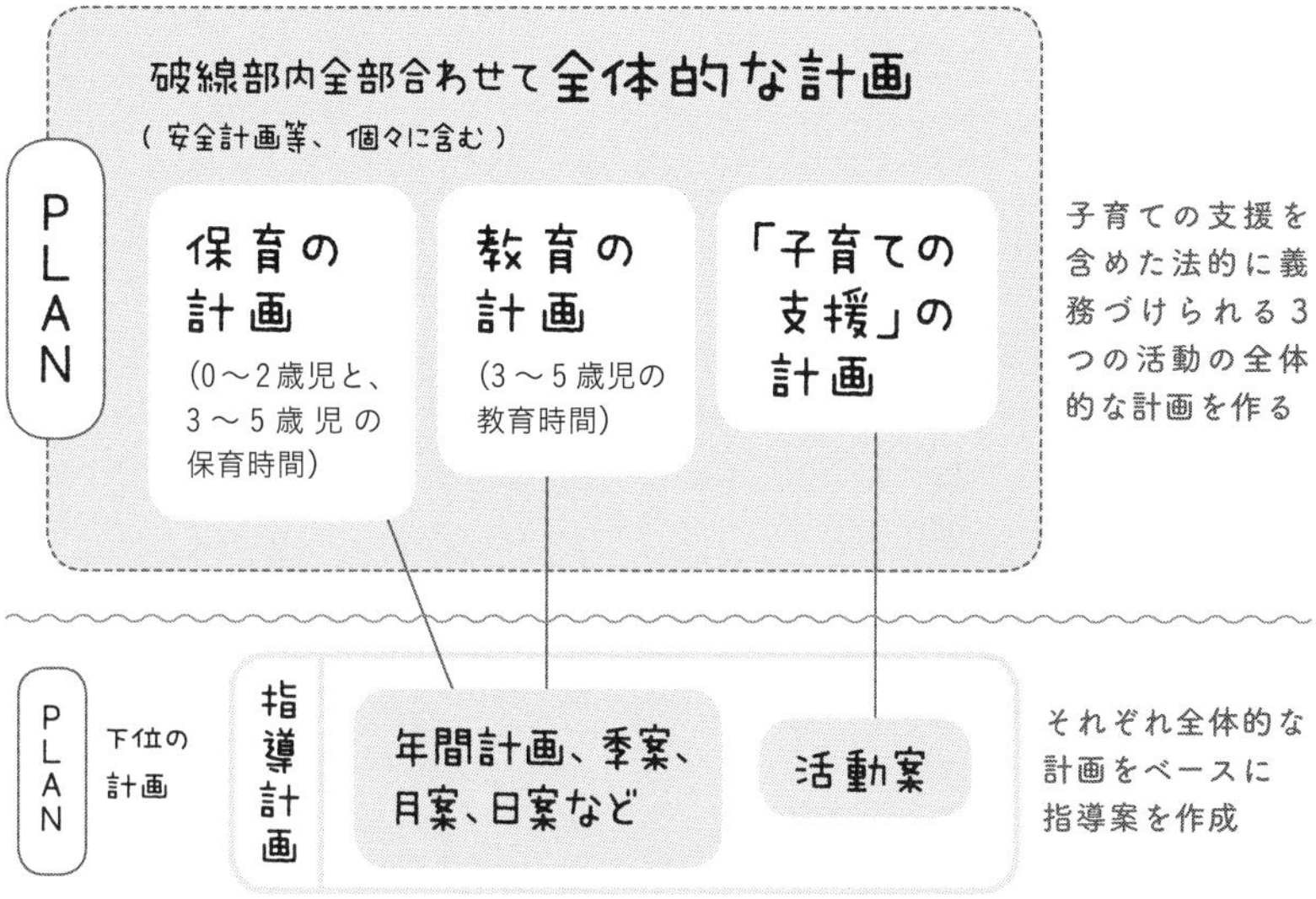

これらの構造図は
新指針・要領を参考に描いたもので、
「こうあるべき」というものでは
ありません。
保育指針の全体的な計画や、
保育・教育の計画の部分を
「保育課程」と呼んでもOKです。
呼び方よりも、つくって活かすことの
ほうがずっと大事ですネ。

律上、かみ合わなくなってしまったのです。

そこで、2014年にできた認定こども園の要領では「教育課程」でも、「保育課程」でもない、「全体的な計画」という名称を使うことにしたのです。そして2017年の改定時には、できるだけ3つの指針・要領を合わせようと、この認定こども園の「全体的な計画」という言葉を、3つの指針・要領の中でも使うことにしました。

ところが、2017年改訂の幼稚園要領には、「教育課程」という言葉がそのまま残っています。保育指針からは「保育課程」という言葉が消えたのに、幼稚園要領には「全体的な計画」と「教育課程」が並記されているのです。これではたしかに、3つの指針・要領を見比べた人は「統一されたんじゃないの?」と、混乱してしまいますよね。

このようなズレが起きているのは、やはり、法律や3施設の機能の違いなどが関係しています。統一しようとしても、幼稚園は学校教育法で教育課程をつくることが前提となっていて、その言葉を外すわけにはいかなかったのです。では、保育園に保育課程という言葉を残すとなると、「認定こども園はどうなる?」という最初の議論に戻ります。

また、114～115ページで示すように、全体的計画の構造も微妙に異なっています。これも、幼稚園は幼児教育施設、保育園は養護と教育を一体的に行う施設、認定こども園は保育と教育と子育ての支援を行う施設と、法的な機能が異なるためです（認定こども園は、認定こども園法で、子育て支援が義務規定となっています）。とはいっても、全体的な計画（課程）の作成内容は、基本的に園の裁量に任されていますから、たとえば幼稚園の「教育課程」に、養護や子育て支援の記述が含まれていたらダメということはないですし、保育園の「全体的な計画」を今までどおりの「保育課程」に呼び替えてもまったく問題ありません。認定こども園の中で、教育課程、保育課程という言葉を使ってもかまわないのです。

どんな名称か、どんな構造になっているかということより、それぞれに全体的な計画（課程）の存在意味を理解し、保育の質向上の指標としてそれをつくり、活かすことのほうがはるかに重要です。

## 保育施設での評価は「アセスメント」

次に、ＰＤＣＡのＣ、「評価」について考えてみます。

この「評価」という言葉を聞くと、私たちはつい、小学校以上で行われる「評価」をイメージしてしまいます。〝目標の達成度〟を成績表にして、優劣を意識させるような評価ですね。

今回の改定で、「幼児期の終わりまでに育ってほしい10の姿」が示されたことで、「10の姿それぞれを達成できているかどうか個別に〝成績評価〟して、保護者や学校に伝えるようなことが起こるのでは？」と心配する声が聞かれます。

当然、そういうことが起こっては困りますし、保育者養成校でも「園での評価は学校での〝成績評価〟とは違う」と教えています。

では、園で行う評価とは、どんなものなのか。

成績評価は英語でいうなら、エバリュエーション（ｅｖａｌｕａｔｉｏｎ）。バリュー（ｖａｌｕｅ）＝価値があるかどうかをみるものです。混乱しないように、小学校以降ではこれは「評価」といわず「評定」といっています。成績をつける行為などがそうです。

これに対して、「必要な情報を読み取って省察する行為」をアセスメント（ａｓｓｅｓｓｍｅｎｔ）と呼びます。アセスメントは医療や福祉の現場でも行われ、「患者などに対して必要な対応を探るための行為」です。アセスメント（評価）なくして、的確な対応はできません。学校では、このアセスメントも日常的に行われていますが、園で行われるべき評価はまさにこのアセスメントのほうです。

子どもの姿から「今、この子は何を願っているのか」、「困っていることは何なのか」「保育者、環境とのかかわりの中で、今、この子の何が育っているのか」な

# 評価（アセスメント）と改善→計画へ

※行事は、先に「行事ありき」ではなく、子どもの興味と必要性のアセスメントからスタート！

どを常に読み取り保育を省察する（＝アセスメントする）。それをもとに、保育を改善（Ａｃｔ）します。それを行えるのが「力量の高い保育者」です。

愛情深い養護も、中身の濃い教育実践も、保育の質が担保されてこそ、実現可能です。そのために、組織として「保育の計画及び評価」に取り組んでほしいという意図で、「総則」にこの項目があげられました。

なお、３歳児以上の指導計画について補足しておくと、保育園の先生は、認定こども園の「総則　第２の２」「指導計画の作成と園児の理解に基づいた評価」をぜひ参考にしてください。幼稚園の「総則　第４」にも、ほぼ同様のことが書かれていますが、今回この箇所は、保育指針には入っていません。先に出てきた「主体的で対話的で深い学び」や、この先、園で導入されるかもしれないコンピューター教育への配慮などについても書かれています。必読です。

## 「職員の資質の向上」は、〝組織的に〟がキーワード

保育指針では、保育の質向上のために、この総則の「保育の計画及び評価」のほかにも重点を置いて書かれている箇所があります。第５章の「職員の資質向上」です。保育を担う先生自身の資質が、保育の質向上に直接かかわることは、改め

ていうまでもないでしょう。では、どのように今回改定で変わったか。要点は4つほどあります（ここも必ず幼稚園、認定こども園で共有してください）。

## ▼1　職員の「個人的な努力」よりも、「園全体として」取り組む

旧保育指針にあった「自己研鑽」という言葉が新しい指針の中から削られ、その代わりに、「組織的に対応」という文言が盛り込まれました。

保育は、職員の関係性の上に成り立つ仕事です。ひとりの職員の学ぶ時間を確保するには全職員の理解や、時間の調整が必要になります。またひとりだけが学んでもそれを周囲と共有できなければ、空回りしてしまいます。そういう意味で、質の改善には「組織的な対応が求められる」のです。

## ▼2　施設長の役割の重要性を強調

新保育指針では施設長に対して、旧指針よりも強い調子で「保育の質及び職員の専門性向上のために必要な環境の確保に努めなければならない」と書かれました。

施設長が、勤務体制の調整や研修の計画、職員の良好な関係（同僚性）づくりなどを率先して進めなければ、スムーズに学びの機会は確保できないでしょう。「園が変われるかどうかは、施設長にかかっている」といっても、けっして言い過ぎ

ではありません。今、施設長のやる気に、大変大きな期待がかかっています。

### ▼3　内外の研修への参加を強く奨励

3つめとして、事例検討会などで「日常的に主体的に学び合う」こと、外部研修で得た知識を、園内研修でみんなにシェアすることを喚起しています。

しかし、「人手不足で、とても研修なんて……」という声も聞こえてきそうです。たしかに、園によっては本当に厳しいところもあるでしょう。それでも、「レジュメを作ったりタイムキーパーを決めて効率よく行っています」「短い時間、小グループごとでもいいので話し合える機会をつくっています」など、工夫している園もあります。施設長が中心となって、なんとか実践できる方法を探ってください。

また、旧指針では、「職員一人一人」となっていた部分が、「保育士・看護師・調理員・栄養士等」という具体的な表記に変わっています。保育士だけでなく、全職員に研修の機会が均等に与えられるような配慮が望まれているのです。

ところで、幼稚園と認定こども園の要領には、「研修」の項目がありません。これは、「幼稚園、認定こども園では研修をしなくていい」という意味ではなく、幼稚園は教育基本法、認定こども園は認定こども園法などの中で研修について規定しているため、要領では省略してあるだけです。

# 保育の質向上のための4つのカギ

①園全体で取り組む

②施設長・園長がリード

③内外研修を利用する

④キャリアパスをインセンティヴに

## ▼4 「キャリアパス」を構築する

職員の資質の向上、4つめのポイントは、「キャリアパス」に言及した点です。「キャリアパスの構築」というのは、キャリア（専門性）が上がっていく道筋（パス）を作るという意味ですね。園の場合、役職が主任、園長くらいしかありませんが、民間園に関して、今回それ以外にも役職を作り、その専門性と給与もあげていこうということになりました。

民間保育園・認定こども園対象に国の枠組みとして用意したのは、非常勤職員にも適用できる職務分野別リーダー・専門リーダー・副主任保育士の3つの役職です（民間幼稚園にも同様に、中核リーダー、専門リーダー、若手リーダーという役職を用意）。

都道府県が認定する研修の8つの分野——❶乳児保育 ❷幼児教育 ❸障害児保育 ❹食育・アレルギー ❺保健衛生・安全対策 ❻保護者支援・子育て支援 ❼保育実践 ❽マネジメント——のうち、それぞれの役職に応じて研修を受け（1分野につき15時間以上）、園からその役職に就くことが発令されることで、規定の金額がそれぞれ上乗せされます（「処遇改善Ⅱ」という政策（※））。

・**職務分野別リーダー**…右の❶〜❻のうち担当する分野のひとつの研修を受けたことを要件に、月額5千円（おおむね保育歴3年以上の保育士が対象）。

・**専門リーダー**…右の❶〜❽のうち4つ以上の分野の研修を受け、「職務分野別リーダー」を経験済みであることを要件に、月額4万円（おおむね保育歴7年以上が対象）。

・**副主任保育士**…右の❽マネジメントと3つ以上の分野の研修を受け、「職務分野別リーダー」を経験済みであることを要件に、月額4万円（おおむね保育歴7年以上が対象）。

職務分野別リーダー等の名称は、園で変更が可能で、たとえば幼児教育の研修を受けた職務分野別リーダーを、「絵本担当保育者」などとして発令することができます。

これらが基本給のベースアップであれば、ボーナスにも影響します。専門リーダー＋副主任は園職員の3分の1の人数までなど人数制限はありますが、不公平感をなくすためこの役職以外の人にも、園に入ったお金の一部をほかの職員に分けられます（職務分野別リーダーの5千円は分けられません。副主任、専門リーダーは、それらの半分の人数は4万円をもらい、残り半分の人数のお金は、これらの役職につかなかった先生たちに分配できます）。役職を年度ごとで交代できる可能性もあるようですから、都道府県の担当課などから情報を収集し、園内でよく話し合って、ぜひこの制度を活用してください。

※このほか、全民間保育士の給与を平均5%上げる政策（処遇改善Ⅰ）があり、このうち2％の支給分（月額おおよそ6千円）は、このようなキャリアパスの構築を園内で行わないと、その分が支給されません。

このように、「個人ではなく組織として、施設長がリーダーシップをとり、研修を中心に、キャリアラダー（専門性の掛けはしご）を足がかりに資質の向上に努める」ことが、職員の資質向上の要点になります。そして研修等の取り組みもまた、全体的な計画と関連づけ、ＰＤＣＡサイクルで行われることで、実りあるものになっていくはずです。

以上のとおり、養護の重要性の再認識、幼児教育への新視点の導入、保育の質の向上のための努力が改定の最重要ポイントです。最終のパート４では、その他の特筆すべき改定トピックをいくつか絞ってお伝えしておきます。

【注】その質が問われる
こんな対応
提出していただく年長児の「要録」を◎○△式で書いてください
よい ふつう 要努力
はい どうぞ♡
小学校
見るの、楽なんで
10の姿 評価
健康な心と体 ◎
自立心 △
協同性 ○
こういう形の評価はNG!
※力量の高い教師（もしくは自治体職員）はこんなことは求めず、保育者も「友達とドッジボールなどで遊ぶ姿がよく見られた」「自立心は育ちつつある」などの文章で表現できます。

# パート4

# 新指針・要領その他の気になる改定トピック

# 「子育て（の）支援」が広がりを意識した活動に

## 保護者支援と子育て支援の違いは？

子育て支援については、３つの指針・要領で、記述の違いが、まだ大きく残っています。

幼稚園の要領では、第3章（活動時間終了後の活動）の中で、「教育課程外」の活動として最後に簡単に触れられていますが、保育指針では、第4章として特別に扱われています。ただし、全体的な計画の中に必ず組み込んで行う活動とはされていません。

一方で、認定こども園の要領では、まず「総則」に「子育ての支援」をひとつの柱として全体的計画を作成するよう規定、さらに第4章を「子育ての支援」として、保育指針以上に詳しく説明しています。これは3つの園の法的枠組みとミッションの違いによります。

では、２０１７年の改定で、それぞれどのように変わったのかを見てみましょう。

保育指針は、２００８年度版保育指針の「保護者支援」という名称から、「子育て支援」に変わりました。保護者支援とは、園に通う子の保護者と地域に住む保護者の支援。子育て支援は、園が地域の拠点となって、子育てのさまざまな問題にかかわり支援する意味だととらえてください。

従来の「保護者支援」という言い方には、「保護者の子育てへの知識やスキルの支援」がメインと受け取られるきらいがありました。それに対して「子育て支援」というのは、虐待の発見やＤＶの発見と防止、あるいは地域の高齢者の力を若い世代の子育てにつなげる等のことを含めた総合的な関係づくり、街づくりという、広い意味合いを持ってきています。

そこで今回は、保育園における支援も「子育て支援」と呼び改めて、そうした新たな施策の一部を保育園にも担ってもらいたい、という方向が示されたのです。

具体的には今までとそれほど変わるわけではないのですが、たとえば情報を提供するときも一方的に保護者に「教えてあげる」という形ではなく、保護者の気持ちを受け止めたうえで信頼関係をつくり、一緒に子どもを育てていこうとする姿勢をもつこと（保護者との連携）、さらに、子育て支援を保育者と保護者だけで行おうとせず、地元の高齢者などに園に来てもらって一緒に遊んだり、子育てのコツを伝えてもらったりする、あるいは地元の専門機関と有機的な関係をつくっていく、そんな街の交流拠点として保育園を機能させること（地域の子育て力向上）

を、子育て支援として行ってほしいという趣旨です。

この趣旨は、今回の改定で、幼稚園の要領の中でも共有されています。２００８年度版の幼稚園要領にも、「幼稚園には教育相談を受けたり保護者が交流できる幼児期の教育センターとしての役割がある」と書かれていましたが、今回は「家庭との一体的な取り組み」「地域の子育て経験者との連携」という文言が盛り込まれました。これは保育指針でめざそうとしている子育て支援と同じ意味を持ちますね。

## 虐待防止のためにも地域の力を借りて

しかし子育て支援の項目で、一番大きく変わったのは、何といっても認定こども園の要領です。

認定こども園は、「地域で孤立する子育て家庭の支援」をひとつの目的としてつくられた施設です。そのため「子育て支援事業」が法的に義務づけられ、そのための予算も計上されるようになっているのです。

ただ、２０１４年版の要領では、子育て支援についての記載は幼稚園の要領に合わせて、１章総則の中で少々出てくる程度でした。そこで、２０１７年度の改定では、「全体的な計画の中にも〝子育ての支援〟を組み入れること」と、保育指針と同じように「ひとつの章を特別に立てて規定すること」にしたのです。

その第4章「子育ての支援」の記述は、保育指針のものとかなり重なっていますが、「家庭の事情や地域社会の実態に沿った支援であること」が強調されています。

これは、認定こども園が、親の就労の有無にかかわらず、いろいろな親子がやってくる施設であるため、おのずと「家庭の事情」に応じた対応が必要になるからです。

また、地域によっては、「つどいのひろば」や「ファミリーサポートセンター」といった子育て事業があったり、なかったりという格差があります。認定こども園は、そういった格差を埋めるために、「地域の実態」に沿って支援を行うことも求められているのですね。

認定こども園だけでなく、「園児の保育、教育だけで手いっぱいです」という施設が多いかもしれませんが、密室育児でもっとも懸念される虐待防止のためにも、地域の力を借りて、支援を進めてもらえたらと願っています。

## 「国旗・国歌に親しむ」の文言が入ったこと

### 懸念の声があがる理由

今2017年の改定で、保育所保育指針「2章 保育の内容」内の3歳以上児の5領域・環境に、次のような文章が入りました（3歳以上の「5領域」は、3つの指針・要領で共有化されているので、このくだりも、共通です）。

内容――⑫保育所内外の行事において国旗に親しむ。
内容の取扱い――④文化や伝統に親しむ際には、正月や節句など我が国の伝統的な行事、国歌、唱歌、わらべうたや我が国の伝統的な遊びに親しんだり、異なる文化に触れる活動に親しんだりすることを通じて、社会とのつながりの意識や国際理解の意識の芽生えなどが養われるようにすること。

このような変更に対して、不安を感じている人がいます。若い人の中には、「なぜ不安なの？」と思う人がいるかもしれませんので、少しだけ説明しておきます。

先の戦争で、日本は日の丸を国のシンボルとして掲げて戦いました。アジアに侵攻したときも、その先頭に立てていたのが日の丸です。そのため「日の丸を見ると、当時の凄惨な戦争を想起させられる」という人が、アジア中心に大勢います。また、「植民地拡大をめざし、命も惜しまない国民に仕立てていこう」「国民の気持ちをまとめるために天皇を神として奉りあげ、それに従わせる体制にしていこう」と国の上層部は考え、天皇をたたえる歌として「君が代」を利用しました。こうして君が代も、「戦争や国家の横暴を思い出させる」と、いい印象を持てない人がいるのです。

しかし、「自分の帰属する国を敬うのは国民として当然。だから国のシンボルである日の丸や君が代に敬意を表するのも当たり前」と考える人もいます。政治を担う人々にはその立場をとる人が数多くいて、１９９９年には「国旗及び国歌に関する法律」（国旗国歌法）を制定しました。「日章旗（日の丸）を国旗、君が代を国歌と定める」という内容の法律です。実はそれまで、日の丸も、君が代も、国旗・国歌とは法的には認められていなかったのです。オリンピックなどでも、慣例的に国旗、国歌として使っていただけだったのですね。

学習指導要領では、１９８９年に日の丸の掲揚と君が代斉唱を「指導するものとする」と書かれました。そして10年後のこの「国旗国歌法」の制定によって、これを拠り所とすることができるようになりました。「国旗国歌法」を制定した政府の要人は、「この法律は国旗掲揚、国歌斉唱の義務を課すものではない」と答弁していました。しかし、自治体の教育委員会などから「学習指導要領に書かれているのだから、守ってもらわなくては」と、厳しく「指導」を受けた公立校があります。「指導」といっても、生徒に対するものではなく、直接的には先生に対しての「指導」です。「公立校の教員は公費から給与を受けているのだから、公的な学習指導要領には従ってください」という理由によるものです。

しかし、学校現場にも、国旗掲揚と国歌斉唱を受け入れられない先生たちがいます。そのほとんどが、かつての先輩教師が教え子を兵士に育てて戦地に送ったことを、教師として反省せねばならないと思っている人たちです。さらにその先生たちの中には、政権の姿勢に懸念を抱き、「国旗・国歌」の記述に何らかの意図を反映しているのではないか？　と感じている人がいるのだと思います。そういう経緯があって、今回、国旗と国歌が指針・要領に入ったことで、「保育施設にも行政から圧力がかかるのでは？」と懸念する声が出ているのです。

## 園での対応を話し合おう

ではなぜ、「国旗と国歌」が指針・要領に入ってきたのか――ですが、幼稚園と認定こども園に「国旗に親しむ」が書き込まれているのは、学習指導要領との関係です。学習指導要領にその文言があるので、「学校」である幼稚園と認定こども園にも同等に入ってきているのです。それが今回の改定で保育指針にも入ったのは、今回、３つの指針・要領で、「５領域」の記述を統一するという方針があったためです。

この「統一」には、56ページでも少し触れたとおり、こんな歴史的な理由があります。

１９６０年ごろ、幼保一元化への要請が盛んになってきたことから、１９６３年、当時の文部省（現文部科学省）と厚生省（現厚生労働省）から共同通達が出されました。この通達には、〝幼稚園と保育園は目的・機能が違うため一元化はできないが、保育園の教育に関する部分は、幼稚園教育要領に準拠することが望ましい〟と示されていました。

厚生省は、福祉を担当する省で、教育を担当するのは文部省です。厚生省には、教育に関する専門性が必ずしもあるわけではないのです。それでこの通達に従って、１９６５年以来、保育指針５領域（当時６領域）は幼稚園の要領をベースに作られてきました。

ですから、本来、1989年の幼稚園教育要領の「環境」に、「国旗に親しむ」という文言が入ったとき、保育指針にも入る可能性がなくはなかったのですが、そうはならなかった。おそらく、そのときの保育指針の5領域が0〜5歳にかかるものだったので、「乳児に国旗？」という配慮から、入れなかったのだと思います。

それが2017年の指針改定では、3歳未満と3歳以上の領域が切り離されました。それで、幼稚園と合わせて、3歳以上の領域「環境」に「国旗に親しむ」が入ったのです。

「国歌に親しむ」のほうは、今まで幼稚園と認定こども園の要領にも書かれていませんでしたが、今回それらに記載されることになり、それにそろえて、保育指針にも入ったというのが事実上の理由です。なぜ今、国歌が入ってきたのかは、あいにくわれわれに審査の機会がなかったため、現時点ではわかっていませんが。

導入の背景ついての説明が長くなりましたが、現場の先生たちにとって一番気になるのは、「保育の中でどう扱ったらいいの？」ということではないかと思います。

これは憲法の思想信条の自由ともかかわるセンシティブな問題で、園の先生の中にも抵抗感のある方はいるだろうと思います。それでも「国旗国歌法」で決まっている以上、好き嫌いにかかわらず、日の丸（日章旗）が国旗、君が代が国歌で

あるということは踏まえるしかありません。

ただしその扱いについては、その法律の中で「歌いなさい」とか「掲揚しなさい」とは書いてありませんから、指針・要領に「行事の際に国旗・国歌に親しむ」と書いてあっても、原則、どう対応するかは各園の問題になるはずです。たとえば、幼児なりの国際理解教育の中で意味づけて工夫するというような方法もありますね。

日本人として、これが国旗でこれが国歌だと園の子どもに知らせておく必要があると思うか。どうすれば国旗・国歌に「親しむ」ことになるか。自分たちの園ではどう対応するのか。

これはこの項目だけのことではありませんが、新しい指針・要領を、園としてどう全体の計画（課程）に組み込むかを考えながらみんなで話し合って、外部にもその意図を説明できるようにすることは必要だと考えています。

## 「災害」の項目が新しく入ったそれだけの意味

### 未来へ続く命を守るために

本書の最初のパートに書いたように、今、世界規模で深刻な環境問題に直面しています。日本にも多大な被害が及ぶことが予想され、すでに近年増加している局地的な集中豪雨、夏の猛暑日の増加や冬の積雪量の低下には、温暖化が影響していると多くの専門家が見ています。

また、日本は世界屈指の地震大国。前回の改定以来のここ10年でも、最大震度7の東日本大震災、同じく最大震度7の地震が熊本を襲っています。しかも東日本大震災は震源が沖合だったため、津波による被災者も多数出てしまいました。

東海地区では何年も前から大型の地震が予想されていて、「いつ起きてもおかしくない」といわれています。もちろん、そこに限ったことでなく、日本中、いつ、どこであっても地震は起こりえます。

2008年、学校が「子どもの保健管理」のより所としていた法律が改正・施行されました（現・学校保健安全法）。ここに災害マニュアルやメンタルケアの必要性について新しく書き込まれています。幼稚園はその内容に従いますが、保育園はその法律の適応外なので、今回、指針の中に新しく項目が立てられました。「第3章　健康及び安全」の「4 災害への備え」がそれです。

認定こども園の要領も、この保育指針の「第3章　健康及び安全」を、ほぼ同じ形で共有しています。第3章はそれだけ重要な章なのだと考えてください。

この他、アレルギーや食育のことなども、この第3章に盛り込まれています。学校保健安全法よりもわかりやすくまとめられていると思うので、ぜひ幼稚園でも参考にしてほしいと思います。

日ごろからの心がけで、いざというときに子どもの命を守りきることができます。「そんなこと重々承知です」といってくださる先生であれば、頼もしい！　いつ起こるかわからない災害にまで気を配るのはなかなか大変なことと思いますが、一人ひとり、未来に生きていく大切な命。協力し合って、どうぞ守ってあげてください。

# おわりに――さあ、子どもたちの「未来」を話しませんか

保育指針や幼稚園、認定こども園の要領の文書が変わるのは、「今の実践では何かが足りない」とか、「今はもう少し高度なことが期待されているのでそれに応えてほしい」などの認識や要望が、その文書を策定している側にあるからです。今のままの保育で十分であれば、指針のような大事な文書の内容を変える必要はないはずです。ですから、指針等の改定について学ぶ際には、改定点がどこなのかを知ることはもちろん必要なのですが、それ以上に大事なのは、そのように変えることで、「現場の実践に、今、何が期待・要望されているのか」を理解することなのです。

では、今回の改定でもっとも強く現場に要請されているのは何だと考えればいいのか。これはすでに本文の中で述べてきた「資質・能力という言葉に表されている、21世紀に必要とされる新たな知性育てのその基礎を、保育園にも幼稚園にも認定こども園にも担ってほしい」ということが正式に要請されたことだと思っています。それは「保育園などのもつ教育機能をしっかりと自覚して、それを発揮してほしい」ということでもあるのですが、見方を変えれば、とくに保育園が

これまで懸命にがんばって保育の中身をつくってきたその努力を、ようやく国、社会が保育園の教育能力として認めるようになってきたことを表していると思ってます。保育園関係者のみなさんは、その点で自慢してよいですし、誇りに思うべきだと思います。

しかし、そうなると、保育が教育だということの意味を、もう少し鮮明にする必要が生じます。

私は教育を、子どもが遊びなどを通じて〝自然と〟育っていくことと区別する必要を、訴えてきました。人間は遊びに限らず、映画を見たり、本を読んだり、人の話を聞いたり、仕事を手伝ったり、あれこれ失敗したりする中で、さまざまな知識やスキル、教訓を学びます。そこで学ぶことをすべて教育というカテゴリーに入れてしまうと、教育という営みの固有性がなくなって分散してしまいます。何でも教育になってしまいます。

教育というのは、その担い手が今述べたようなさまざまな自然の学びの過程に入り込んで、それをもっと有効にするように働きかけたり、子どもたちの育ちにとってより大事だと思うような学びに導いたり、ときには子どもたちにこれは知っていてほしいということを教えたり、という意識性のある働きかけと考えたほうが、私たちの実感に合っているのではないでしょうか。

そこに私たちの「意図や育ちの方向づけ」という契機がかならず入り込んでいるのが教育なのです。それに対して子どもたちが遊びなどの中で自然と育つのを、「形成」と呼ぶ人もいますが、私もそう呼んでいいのではないかと思っています。そして、「教育は形成への働きかけの作用」なのです。

しかし、そうなると、私たちが個人個人の恣意（自分勝手な考え）で、子どもたちに「こういうことができるようになって」「こうしたことがわかる人間になって」と、要求することが問題になります。もしかするとこれば、自分の個人的な趣味を押しつけているだけのことかもしれないからです。

だからこそ、「私は子どもたちに△△の力を持つようになってほしいと思う。だって、この子たちが社会に出て活躍するときには○○がとても大事になっている可能性があるから」と、子どもたちに要望したり期待したりする内容を、みんなで議論することが大事になっているのです。

私たちは子どもたちにどういう未来を期待するのか。どういう知性や力をもってほしいのか。それが〝私たちの恣意ではない〟ものにするにはどうすべきか、これが今回の改定を受け、私たちがまずしなければならないことだと私は思っています。

教育は、私たちの意識的な方向づけをもった営みだということを普段は自覚していないかもしれません。でも、だれもが元気で活発になってほしいとか、人に優しい子になってほしいとか願って保育しているはずです。

戦後、そうした人間像のことをみんなで議論したことがありました。中学校の教師だった無着成恭《むちゃくせいきょう》さんの『山びこ学校』（教育実践記録）などには「何でも〝なぜか？〟と考えよう」「もっといい方法はないか考えよう」など、当時の新しい社会の担い手になる子どもたちに育てたい力が具体的に描かれていました。「ロビンソン・クルーソー的な人間像」が議論されたこともあります。

戦後、この時期の教育が最も活気があり、内容もよかったといわれていることと、みんなが育てるべき力を議論し合ったことには深い関係があったと思っています。その人間像は、上から命令されてそれに従うものではありません。育ての主体である保育者が、保護者と一緒になって時代を読み、子どもたちの願いを読み取りながらつくっていくものです。その視点があってこそ、資質・能力というとらえ方や、育ってほしい姿などの意味が読み取れると思っています。

その教育が養護と一体であるということの意味とともに、みなさんで子どもたちの未来を話し合いましょう。

汐見稔幸

## 汐見稔幸（しおみ・としゆき）

日本保育学会会長、東京大学名誉教授。2017年告示保育所保育指針改定の検討を行った厚生労働省社会保障審議会児童部会保育専門委員会の委員長を務める。NHKの『すくすく子育て』の出演でもおなじみ。保育者と保護者の交流誌『エデュカーレ』編集長。
主な著書に『はじめて出会う育児の百科 0～6歳』（共著・小学館）、『0～3歳 能力を育てる 好奇心を引き出す』（主婦の友社）、『子どもを「人間としてみる」ということ』（共著・ミネルヴァ書房）、『ここがポイント！ 3法令ガイドブック』（共著・フレーベル館）など。

イラスト● **おおえだけいこ**（大枝桂子）

フリーランスイラストライター。主な著書に『世界に学ぼう！　子育て支援』（フレーベル館）、『保育の世界がまるっとわかる（笑）マンガ じんぐるじゃむっ』（小学館）など。小学館『新幼児と保育』、『エデュカーレ』などで保育・子育て記事を執筆。



装丁／レジア
デザイン／レジア（上條美来）
編集／『新 幼児と保育』（宮川 勉）
校正／別府由紀子

2017年告示　新指針・要領からのメッセージ――
さあ、子どもたちの「未来」を話しませんか

2017年9月25日　初版第1刷発行
2018年7月23日　　　　第6刷発行

著者　汐見稔幸
イラスト　おおえだけいこ
発行人　杉本 隆
発行所　株式会社　小学館
〒101-8001
東京都千代田区一ツ橋2-3-1
電話　編集　03-3230-5686
販売　03-5281-3555
印刷所　三晃印刷株式会社
製本所　牧製本印刷株式会社



ISBN 978-4-09-840186-4